Anlayış Ve Özgürlük

Aynı yazardan:

The House I Left Behind
(Arkamda Bıraktığım Ev)

Islam and the Son of God
(İslamiyet ve Tanrı'nın Oğlu)

Christ Above All
(Her şeyden Üstün Mesih)

Bu kitabın içeriği DVD ve CD formatlarında da bulunabilir. Bu kitap DVD ve CD'lerde verilen bütün ayetlerin referanslarını içermektedir. İlave olarak, bütünleyici malumat dipnot olarak bu kitapta bulunabilir.

Daniel Shayesteh'in kitapları hakkında daha fazla bilgi için

www.exodusfromdarkness.org

7spirits@gmail.com

Anlayış Ve Özgürlük

İslam ile Hristiyanlığın Ayrıntılı Karşılaştırılması

Daniel Shayesteh

Exodus from Darkness, Inc

© 2016, Exodus from Darkness, Inc.

Bu kitabın tüm hakları saklıdır, ama kitabın tümü veya bir kısmı yazarın adı, Daniel Shayesteh, ve yayıncının adı, Exodus from Darkness, ile birlikte bu sayfa eklenerek serbestçe çoğaltılıp dağıtılabilir. Tümü veya bir kısmı eğitim amaçlı kullanıldığı takdirde kredi yazara verilmelidir. Hiç bir durumda, hiç bir şekilde düzeltilemez ve değiştirilemez.

Yazar: Daniel Shayesteh, 1954

Anlayış ve Özgürlük: İslam ile Hristiyanlığın ayrıntılı karşılaştırılması

Yayıncı Kuruluş: Exodusfrom Darkness, Inc.
York, PA, USA.

Talesh Books
ISBN: 978-0-9756017-9-2

www.exodusfromdarkness.org
usa@exodusfromdarkness.org

İçindekiler

Yazar'ın Önsözü 3

Giriş 5

Kişisel Bilgiye Neden İhtiyacımız Vardır? 13

Kültürümüzü İyileştirmenin Gerekliliği. Neden? Nasıl? 25

Daniel'ın Hayatından Kişisel Değişime Örnekler 35

Tanrı – Tanrı var mıdır? 47

Gerçek ve Sahte Tanrı'yı Birbirinden Nasıl Ayırabiliriz? 59

İslam'ın Tanrısı ile Hristiyanlığın Tanrısı arasındaki farklar 69

İslam'ın Tanrısı İyi bir Rehber Olabilir mi? 81

İslam Aracılığıyla Tanrı ile Esenlik Sahibi misiniz? 95

Kur'an Gerçek Tanrı'nın Sözü müdür? 105

İslam Gerçekten de Son ve Mükemmel Din midir? 119

Kim, İsa mı yoksa Muhammed mi, Sizin İçin İyi Bir Lider Olabilir? 131

İslam'da Liderlik Düzensizdir 141

İslam'ın Şeriatı mı Yoksa Mesih'in Sevgisi mi – Hangisi Daha İyi Modeldir? 153

İnsanlığın Dostlara İhtiyacı Vardır, Düşmanlara değil 161

İsa Mesih'in Müjdesi İlişkiler İçin Mükemmel Talimatlara Sahiptir 171

Kur'an İslam'ın Peygamberinden Güvenini Kutsal Kitap'a Koymasını İstemektedir 177

İslam'ın Hristiyanların İnançlarına Olan Suçlamaları Asılsızdır 187

İslam'daki Siyasi Oyunlar Kendi İnançlarını Göz Ardı Etmektedir 199

Blöflerden, Yalanlardan ve Siyasi Oyunlardan Özgür Olmanın Huzuru 213

İsa'nın Dışında Kurtuluş Yoktur 221

İsa Yol, Gerçek ve Yaşam'dır 231

Kaynakça 237

Önsöz

Bu kitap İslam'daki başlıca inançları açığa vurmakta ve bunları Hristiyanlıkla ve Müslümanların kesinlikle bilmesi gereken diğer inançlarla karşılaştırmaktadır. Ayrıca bu kitap liderlerin ve İslam âlimlerinin Müslümanları nasıl karanlıkta tuttuklarını ve inançları hakkında bazı anahtar gerçekleri nasıl da Müslümanların asla öğrenmelerini istemediklerini açığa çıkarmaktadır.

Bu kitap, İslam'dan Mesih'e olan yolculuğumda farkına vardığım şeylerin yansımasıdır. Yolculuğumda, nasıl ve niçin İslam'ın siyasi doğasını bilmediğime, İslam'ın dünya bağlamında bilinmesine ve daha da önemlisi İsa Mesih'in güzelliğinin görülmesine izin verilmediğine tekrar ve tekrar hayrete düştüm.

İsa Mesih tarafından yaşamımın değiştirildiği ve ayrıca, Müslümanlar dâhil birçoklarını yanlış yönlendirebilecek olan dini ve dünyevi planları başkalarıyla paylaşma arzusunu verdiği için O'na çok müteşekkirim. Duam bu kitabın içeriğinin, dünyadaki Müslüman olan ve olmayan milyonlarca insana ışık olması, şimdi ve sonsuza dek huzurlu bir yaşamdan zevk alabilmeleri için Esenlik Önderi İsa'ya sığınmalarına yardımcı olmasıdır.

Daniel Shayesteh

Giriş

Sizinle yakında 21 konu aracılığıyla uzun bir sohbete başlayacağım. Konuya girmeden önce, giriş kısmında bu seriyi karşılıklı konuşma şeklinde hazırladığımı söylemeliyim. Sesinizi kişisel olarak duyamasam da, vicdanınızın konuşmasına ve bahsettiğim her meselenin değerlendirmesinde sizlerin de katılıma dâhil edilmenize izin verebileceğinizden dolayı bu serilere sohbet demek istiyorum. Vicdanlarımıza aldırmaz isek sohbetlerimiz anlamlı olamaz. Bu nedenle, bu serilerin en başında birbirimize vicdanlarımızın sesini göz ardı etmeyeceğimize dair söz verelim.

Bu serinin her konusu bir başlığa sahiptir, ama serinin tümü "Anlayış ve Özgürlük" adı altındadır. İsa Mesih ile inanılmaz bir karşılaşma yaşadım. İsa Mesih, bana yaşama anlayış ile yaklaşmama, inancıma dair nedenim olmasına, körü körüne itaatten kaçınmama ve özgür bir insan olarak yaşamama yardımcı oldu.

On yılı aşkın süredir, eğitimli ve eğitimsiz, hoşgörülü ve hoşgörüsüz, din adamı ve dindar binlerce Müslüman ile yüz yüze, radyo, televizyon ve internet aracılığıyla konuştum. Çoğunda mantıksal konuşmaların yarattığı büyük etkiye ve yaşamın her alanında özgürlüğün önemini anlamanın nasıl da dünya görüşlerini değiştirdiğine şahit oldum. Bu tecrübelerim, sizlerin ve diğer milyonlarca Müslüman olan ve olmayanların anlamanıza yardımcı olmak için beni bu konuları hazırlamamda teşvik etti.

İnançlarımızı ve kültürlerimizi derinden incelemez ve kendimizi onların karanlık noktalarından serbest bırakmazsak, ne ruhani anlamda ne de sosyal anlamda özgür olabiliriz. Bunun için bu serinin tümüne "Anlayış ve Özgürlük" başlığını vermeye karar verdim. Anlayış ve özgürlük yaşamlarımızın iki hayati ve önemli gereksinimidir. Gerçek anlamda biri diğeri olmadan var olamaz.

Çoğu inanç ve dinler takipçilerini bilgisizlik içinde bırakıp onları özgürlüklerinden alı koymaktadır. Esasında, onların egemenlikleri insanların anlayış ve özgürlüklerinin noksanlığına dayanmaktadır. İnsanların en iyisini keşfetmek üzere inanç değerlerini başka inançlarla karşılaştırmasına engel olan her inanç insanların özgürlüğüne barikattır. Özgürlük, birşeyler hakkında açık olmanızı hiçbir şeyin durdurmaya hakkı olmadığı anlamına gelir. Bir inanca sahip olmalarına dair doğru nedenleri olmayan insanlar özgür değillerdir ve gerçek özgürlüğün ne olduğunu bilmezler.

İnancınızın en iyi ve mükemmel inanç olduğunu iddia ediyorsanız, buna dair sağlam ve mantıklı neden göstermeye mesuliyet sahibi olduğunuzu bilmelisiniz. Defalarca bireyler inançlarının en iyi ve mükemmel olduğunu yüzüme cesaretle söylediler. En iyi ve mükemmel kelimelerini tanımlamalarını istediğim zaman inançları hakkındaki iddialarının asılsız olduğunun farkına vardılar. Bundan dolayı, iddialarınıza dair nedenleriniz olmasına yardım etmeyi amaçlıyorum.

Konuşmalarımı dinledikten sonra, bir inanca sahip olmanın diğer inançlarla yarışmak veya onlara hâkimiyet kurmak olmadığını, aksine inancınızın kabiliyetlerinizi veya idrak edip karar verme kapasitenize değer verip vermediğini görmek olduğunu anlamanız çok daha kolaylaşacaktır. Gerçek bir inanç insanları birşeyleri derinine anlamasına teşvik etmelidir. Bunun için, İslam ve Hristiyanlık arasında çok kapsamlı bir karşılaştırma sunmak üzere çeşitli 21 tane konuyu ele almaya karar verdim. Anlayışın, özgürlük veren doğru bir inanca sahip olmada ne kadar önemli olduğunu sizlere kanıtlamak istiyorum.

İslami ülkelerdeki en büyük engellerden birisi, İslamı tetkik etmenin veya diğer inançlarla karşılaştırmanın kısıtlanmasıdır. İnsanların dinlerini inceleme özgürlüğü yoktur. Sadece bununla kalmamakla birlikte, Müslümanlar İslam hakkında iyi konuşmaya ve ne kadar yararlı ve mükemmel olursa olsunlar diğer İslami olmayan değerleri kötülemeye zorlanırlar.

İnancınızı ve diğer inançları anlayışınızın kısıtlanması esirliktir. Özgürlüğe hasretseniz, ilk önce kendi anlayışınızı gözden geçirmeniz, kültürünüzdeki ve inancınızdaki engelleri keşfetmeniz ve ardından bunları ortadan kaldıracak en iyi yolu bulmanız gerekir. Anlayış, özgürlüğe olan esas anahtardır. Anlayış olmadan, büyük olasılıkla, vicdanlarımızı susturup bilgisizliğimizden faydalanmayı amaçlayanların hizmetlerini körü körüne takip edeceğizdir. Bunun için, serideki ilk iki konu kişisel bilgi ve kültürel iyileştirme hakkındadır; böylece vicdanınızı uyandırıp özgürlüğe doğru sizde arzu yaratsınlar ki zincirlerinizi kırabilip özgür olabilesiniz.

Ayrıca sizlere her şeyin en iyisine sahip olmanın sizin ve dünyadaki her insanın en derin arzusu olduğunu hatırlatmak istiyorum. İyi ve sağlıklı şeyler her zaman yararımızadır. Bunun için, kötü ve sağlıksız şeylerden sakınırız. Bu ayrıca bir inanca veya dine sahip olmak için de geçerlidir. En iyi inanca sahip olmamız gereklidir. Çoğu insan sağlıklı olup olmadıklarını bilmeden inançlarını ebeveynlerinden veya toplumlarından almışlardır. İnsanların onlara güven veren, seçim özgürlüğüne saygı duyan ve iyi bir standart sağlayan bir inancı takip etmeleri gereklidir ki bu onları başarılı hayata, ailelerinde ve başkalarıyla huzurlu ilişkilere sahip olmalarına yardımcı olabilsin.

Böyle güzel bir inanca sahip olmak şevk, açıklık, araştırma ve karşılaştırma için kişisel girişim ve son olarak en iyi kararı vermek üzere cesaret gerektirir. İyi ve sağlıklı bir inancı bulmak sadece bizler ve ailelerimiz için faydalı olmakla kalmaz, bu ayrıca bizlerin aracılığıyla toplumlarımızı aydınlatıp kültürümüzü de zenginleştirecektir. Kültürel zenginleştirme, sırayla, insanları yaşamın her yönünde başarılı kılacak ve onları daha iyi ve verimli yaşamlara sahip olmaları için yaşamın en yaratıcı prensiplerini keşfetmelerine yönlendirecektir.

Beyinlerimizi, yüreklerimizi ve vicdanlarımızı kullanmazsak, fırsatçılar tarafından aldatılıp hayatın her alanında onların sağlıksız planlarına yem olacağızdır. Konuşmalarımda birçok meselelere değineceğim ki bilgi noksanlığının çeşitli yollarla bizleri tuzağa düşürebileceğini anlayabilesiniz. Ama gerçeği bilmek bizleri özgür kılacaktır.

Konuları belli bir sıraya koydum ki bitirdiğiniz konunun sonucu, bir sonraki konuları daha iyi anlamanıza yardımcı olabilsin. İlk iki konu sizlere anlayışın değerini anlamanıza yardımcı olacaktır. Bunlar ayrıca her şeyi değerlendirmek ve uygun kararları kişisel olarak vermek için kabiliyete ve kapasiteye sahip olduğunuzu sizlere hatırlatmak içindir. Bu iki konudan sonra, sizlere başkalarının bana nasıl yaklaştığını ve beynimi, yüreğimi ve vicdanımı kullanmama ve bilgisizliğim yüzünden fırsatçıların ihlal ettiği Tanrı vergisi özgürlüğümü geri kazanmama yardım ettiğini göstermek için hayatımdan örnekler vereceğim. Diğerlerinin bana yardım ettiği gibi, benim de özgürlüğünüzü kazanmanız için sizlere yardım etmem gerekiyor ki sizler de başkalarına özgür olmaları için yardım edebilesiniz. Özgürlük herkes için iyidir. Her birimizin özgürlük için birer ulak olması lazımdır.

Örneklerimi takiben, beş konuda karşılaştırmalı bir yolla Tanrı hakkında konuşacağım ki Tanrı'ya dair hiçbir şeyi gözünüzden kaçırmayasınız. Tanrı kelimesi dininizde ve diğer dinlerde kök olarak kabul edilir. Hangi kök üzerine kurulduğunuzu bilmeniz gerekir. Dininizin kökünü anladığınız zaman, dininizi sürdürüp sürdürmeyeceğinize veya terk edip daha iyisini bulmanızın gerekip gerekmediğine karar vermelisiniz. Bizler en iyisini seçebilecek şekilde yaratıldık.

Tanrı'nın var olup olmadığını anlamanız için Tanrı hakkındaki her şeyi yüzeye çıkaracağım. Tanrı varsa, ya kendisini sizden gizliyordur veya endisini size gösteriyordur. Ayrıca gerçek Tanrı'yı sahtesinden nasıl ayırt edebileceğinizi öğrenecek; dininizin anrısının size iyi bir rehber olup olmadığını veya gerçek Tanrı'yı aramanız gerekip gerekmediğini öğreneceksiniz.

Geri kalan konularda bir dindeki sahte Tanrı görüntüsünün bir toplumda felsefi, öğretisel ve diğer bütün etik tutarsızlıkları yaratabileceğini ve yaşamları birçok yollarla mahvedebileceğinden bahsedeceğim. Sorunları ortaya çıkardığım gibi, en iyi çözümden de bahsedeceğim. Sorunlarınızdan kurtulmanıza, inancınızdaki belirsizliklerin üstesinden gelmenize ve özgür bir insan olarak yaşamanıza yardımcı olabilmek için elimden gelenin en iyisini yaptığımı umuyorum.

Sizlere samimi tavsiyem Tanrı vergisi kimliğinize değer vermeniz, benden duyduğunuz her şeyde aklınızı, yüreğinizi ve vicdanınızı çalıştırmanız, hiçbir önyargının sizleri konuşmalarımın tümünü dinlemenize mani olmasına izin vermemenizdir. Konuşmalarımı dikkatlice dinlemenizin sizin, bütün Müslüman olanların veya olmayanların yararına olacağına söz veririm.

Bu seriyi benimle beraber yürümeye hazır olduğunuz için size çok teşekkür ederim.

Daniel Shayesteh

Ocak 2016

Kişisel Bilgiye Neden İhtiyacımız Vardır?

Kişisel bilgi, bizim neye inandığımız veya diğerlerinin neye inandığı hakkındadır. Bilmemiz gerekir ki hayat anlayışsız ve nedensiz iyi bir şekilde işlemez.

Bilgisizlik geride kalmamıza neden olacaktır

Bilgi yaşamlarımıza ışık gibidir. Hayatın her alanında; yemek, kıyafet, ev, araba almak; kendimize eş bulmak, arkadaş edinmek, ailemize bakmak; inançları, sosyal değerleri ve geri kalan her bir şeyi kabul veya reddetmek için bilgiye ihtiyacımız vardır. Seçimlerimizi gözleri kapalı yaptığımızı bir düşünün, eşlerimizi veya arkadaşlarımızı onların özelliklerini ve kişiliklerini bilmeden seçtiğimizi hayal edin. Sonuç ne olurdu? Bu nedenle siyasi, sosyal ve ekonomik ilişkilerimizi huzurlu, neşeli ve anlamlı yapabilecek olan değerleri gözlerimiz açık seçmemiz bizim için çok önemlidir.

Gerçek inanca sahip olmak bilgiyi gerektirir

Doğru yolu bilmiyorsak, istikametimize ulaşamayız. Aynı mantıkla, gerçek inancı bilmiyorsak, ruhsal anlamda kayboluruz ve Tanrı ile bir araya gelemeyiz.

Bilgiden uzak hayat zarardır

Budala bir adam ev kurmak istedi, fakat evin sağlam bir temele kurulmasının gerektiğini bilmiyordu.

Böylece evini kum üzerine kurdu. Seller bastığında, ev yıkıldı. Eğer bilgisi olsaydı, evini sellere dayanıklı temel üzerine kurardı. Bu yüzden, nasıl ki yaşam için hava önemliyse, bilgi de iyi bir inancı bulmak için önemlidir. Gerçek hayat, ihtiyaçlarımızı en iyi şekilde karşılayacak olan seçeneği arama süreci olmalıdır. Hayatımız için en iyi inancı bulmazsak, en iyi geleceğe de sahip olamayız. Arama kabiliyeti, herkese Tanrı'nın verdiği bir armağandır. Araştırma inancımızın bir parçası olmalıdır. Kişisel araştırmaya kapalı olan ve insanlara istedikleri inancı seçmelerine karşı olan inançları takip etmemeliyiz.

Karar vermek için bilgiye ihtiyacımız vardır

Kişisel olarak veya aile ya da halk üyeleri olarak uygun kararlar verebilmemiz için bilgiye ihtiyacımız vardır. Verdiğimiz kararlar şahsi hayatlarımızı etkilediğine göre, bu kararlar sahip olduğumuz ilişkilerimizden ötürü ailevi ve toplumsal hayatlarımızı da etkileyecektir. Bu yüzden, bilgiyle verilen karar herkes için iyi ve verimli olacaktır. Hâlbuki bilgiye dayalı olmayan karar daha az verimli olacaktır veya zararlı olacaktır; hele ki bu karar aile, ticari kuruluş veya bir ulusun lideri tarafından alınmış ise. Siz bir lidersiniz veya eninde sonunda lider olacaksınız. Bu yüzden, başarılı bir kişisel ve aile hayatı için uygun kararlar alabilmeniz için yeterli bilgiye ihtiyacınız vardır. Yani, bilgi her şey için çok önemlidir.

Kişisel bilgimizi ilerletmek için ne gibi tavırlar almamız gereklidir?

Bilgi kazanmak için sizlere birbirine bağımlı on adım vereceğim.

İlk adım gözlerimizi ve kulaklarımızı açmamızın gerekliliğidir

Gözlerimiz görmek ve kulaklarımız işitmek içindir. Bu basit felsefeye gözlerini ve kulaklarını kapatanlar veya diğerlerinin görmesine ve işitmesine engel olanlar, kendilerini Tanrı ve insanlığa karşı küçük düşürürler. Gerçek Tanrı'nın gözleri ve kulakları her zaman açıktır; insanlık da doğru bir yaşam için aynı prensibi takip etmelidir. Gözlerimizi, kulaklarımızı, akıllarımızı ve yüreklerimizi öğrenmek için kullanırsak hayat daha da verimli olacaktır. Hakikat seven bir insanın diğer inançlara bakması, mesajlarını dinlemesi, birbirleriyle ve kendi inancıyla karşılaştırması, kendi için en iyi olanı seçmesi ve sonra bu inancın mantığı ile yaşaması gerekir. Sizin gerçeği aramanıza engel olan bir insan veya inanç hakikat sever olamaz ya da sevgiyi destekleyemez.

İkinci adım engelleri ve çözümleri keşfetmemizin gerekliliğidir

Öğrenmenize engel olan engeller nelerdir? İnancınız engel midir? Siz mi engelsiniz? Aileniz mi engeldir? Toplumunuzdaki sosyal ve siyasal problemler mi engeldir? Devletiniz yahut lideriniz mi engeldir?

Engelleriniz ne olursa olsun, bu engeller size, ailenize, ülkenize ve hatta dünyaya karşıdır. Bu engelleri belirlemeniz ve kendinizi bunların etkilerinden kurtaracak en iyi yolu bulmanız gerekmektedir.

Üçüncü adım vicdanlarımızı harekete geçirmemizin gerekliliğidir

Vicdan içinizdeki gerçeği onaylamanıza ve konuşmanıza yardımcı olan harika bir araçtır. Vicdanınızı durdurmamalı yahut susturmamalısınız. Vicdanının sesi olmayan bir kimse ruhani anlamda ölüdür. Özgür bir vicdan, haklı olan birinin haklılığını, ondan hoşlanmasa bile kabul eder. Başkalarının haklarını görmezden gelen insanlar, kendi vicdanlarının seslerini duymazdan gelen insanlardır. En iyi tavsiyeyi ve yaşam yolunu reddeden insanlar, kendi vicdanlarının önemini ve güvenirliğini reddeden insanlardır. Kendi vicdanını görmezden gelen biri diğer insanların haklarına da saygı duyamaz. Özgür bir vicdan, düşmanlarımız bile olsalar, diğerlerinin haklarını ve özgürlüklerini küçümsememize izin vermez. Özgür bir vicdan bizlere kral ile dilencinin, lider ile takipçinin, efendi ile kölenin, karı ile kocanın arasında fark olmadığını; hepimizin insan olduğunu ve özgürlüğe hakkımız olduğunu öğretir. Bu nedenle, inancınız dâhil vicdanınızı sınırlayan her şeyden uzak durmalısınız.

Dördüncü adım en iyiyi arzu ile aramamızın gerekliliğidir

Susuzluğumuzu ifade etmezsek su alamayacağızdır. Aynı şekilde en iyi değerler için olan bilgi, arzu ve girişimcilik olmadan kazanılamaz. En iyi ve bereketli hayat yoluna özlem mi duyuyorsunuz? Cevabınız evet ise, bu yolu arzu ile aramanız gereklidir. Bizlere gerçeği açığa çıkaran, içimizde anlayışa ve aramaya olan derin özlemdir, böylece sahte inanışlardan özgür bırakılırız.

Beşinci adım özgürlüğü şahsi olarak pratik etmemizin gerekliliğidir

İnsanlar özgürlük için yaratılmışlardır; yoksa hayatlarının her alanında geride kalırlar. Gerçeği aramakta bireysel özgürlüğümüz ve özerkliğimiz olmalıdır. Her birimiz bireysel olarak yaşama sorumluluğuna sahipsek ve gerçeği hayatlarımız aracılığıyla kanıtlıyorsak, gerçeği kendi özerkliğimiz ile keşfetmeliyiz. Özerklik ve özgürlük olmadan bir insan gerçeği aramak için tüm kapasitesini kullanamaz. Bununla birlikte, tüm kapasitenizle gerçeği arayamıyorsanız, bütün gerçeği bulamazsınız. Bu nedenden ötürü, inancınız dâhil toplumunuzda olan her hangi bir şey, sizi gerçeği aramanızdaki Tanrı vergisi özgürlüğünüzü ve kapasitenizi kısıtlıyorsa, bu zinciri kırıp kendinizi özgür kılacağınız en iyi yolu bulmanız gerekmektedir. Araştırmadaki özerklik pratiği, hayatınıza en doğru bilgiyi sağlayacak ve bu bilgi sizlere başarılı bir yaşamın kapılarını açacaktır.

Altıncı adım özgürlüğe açık bir inancı takip etmemizin gerekliliğidir

Ebeveynleriniz yahut atalarınız ne kadar harika olursa olsun, size sizin başarınızı engelleyecek bir inanç verebilirler. Bu inancı, size ve halkınıza başarının kapısını açacak bir inançla değiştirmelisiniz. Dininizi veya inancınızı takip etmeye ne kadar mecbur olursanız olun, eğer özgürlüğünüze ve özerkliğinize karşı ise, bu dini veya inancı daha iyi bir şeyle yer değiştirmeniz gereklidir. Gelişmiş ülkelerdeki bireysel, ailevi, sosyal, siyasi, ekonomik ve ahlaki gelişmeler, özgürlüğe açık bir inancın değerlerini izlemeye cesaret eden erkek ve kadınların yürekliliklerinden dolayıdır. Sadece kendileri ilerlemekle kalmayıp, başkalarının ilerlemesine de neden olmuşlardır. Çünkü bu insanlar başkalarını ilerletmenin, kendileri için de ilerleme demek olduğunu öğreten inancı takip etmişlerdir. Bir kez daha, eğer özgürlüğe kapalı bir inancınız varsa, bu inancı bırakıp özgürlüğe açık bir inancı takip etmeniz gereklidir.

Size tüm dürüstlüğümle söylemek istiyorum ki sizin ve diğer herkesin özgürlüğüne saygı duyan bir inancı takip ederseniz, baskıcı ve kısıtlayıcı bir kültürün ızdırabından kurtulursunuz. Gerçek sizi özgür kılacaktır.

Yedinci adım yürekli olmamızın gerekliliğidir

Bireyler olarak kendi gelişimimiz için girişimde bulunmamız gereklidir. Bir birey olarak ilerleme arzusu duyuyorsam, kendi başarım için gerekli adımları atmam gerekir. Gerçek için olan kişisel istek, engelleri aşmamız için gerekli gücü bize verebilir. Her türlü dış baskıya rağmen yürekli bir kimse kendi ve aile fertleri için çıkış yolu bulabilir. Yürekli insanlar, özgürlüğe kapalı inançlarından dışarıya adım atabilir ve en iyi değerleri arayabilirler. Yürekli olunuz.

Sekizinci adım bedel ödememizin gerekliliğidir

Bilgi elde etmek ve bilgimizi ilerletmek için bir bedel ödememiz gereklidir. Zamanımızı ve belki paramızı vermemiz gerekebilir. Bazen, gerekli bilgiyi elde etmek için olan bedel umut ettiğimizden yüksek olabilir. Bunun için de hazır olmamız gerekir. Kendi çıkarlarını diğerlerinin cahilliğine kuran dar kafalı ve batıl inançlı insanların ya da diktatörlerin saldırılarına karşı hazır olmalıyız. Yaptığımız fedakârlıklar sadece kendimizin değil; ailemizin, toplumumuzun ve dünyanın yararına olacaktır.

Dokuzuncu adım galibiyeti kişisel hedefimiz yapmamızın gerekliliğidir

Çözümsüz engel yoktur. Amacı sizi bilgisiz bırakmak olan inancınız da dâhil hayatınızdaki her engele karşı zafer kazanmanız gereklidir. Hayatın engellerini aşmak için en pratik yol en iyi inancı yahut yaşam yolunu keşfedip bu yolu sahiplenmenizdir. Evet, en iyi inancı bulmanız gereklidir. İnsanlık, kendisi için en iyisi olanı, engellere karşı galibiyet kazandıracak en iyi inancı aramaya ve bulmaya eğilimli yaratılmıştır. Tüm engellere karşı zafer sizin olacaktır; eğer gerçekten isterseniz.

Onuncu adım toplumumuzu gerçeğin farkına vardırmamızın gerekliliğidir

Gerçek hakkındaki bilgimiz ve anlayış için olan şevkimizden başka hiçbir şey toplumumuzu daha iyi gerçeklerin farkına vardırtamaz. Olası her yolda, gerçeğin ışıkları olarak parlamalı, başkalarının tecrübelerimizden öğrenmeleri için ve onların da diğer insanlar arasında parlamaları için yol hazırlamalıyız. Yalnızsanız, çok çalışıp sizin gibi gerçeği arayan insanlarla arkadaş olmalı ve yoldaşlıkta büyümelisiniz ki daha birçokları gerçeğin farkına varsın ve özgürleşsinler. Ayrıca, bizimle aynı amaçta olanlarla, hep beraber özgürlüğün tadını çıkarana kadar, ilişkilerimizi güçlü tutmamız gerekir.

Farkındalığımız kendi seçimlerimize bağlıdır

Kendimiz değişmek istemediğimiz sürece kimse bizi değişmemiz ve farkına varmamız için zorlayamaz. Dünyanın bütün orduları bir araya gelip bizleri gerçeğin farkına varmamız için zorlasa, içimizde gerçek istek olmadığı sürece gözümüz açılmaz. Dünyanın en sevecen, en nazik insanı devlet liderimiz olsa bile, kalplerimizdeki bariyerleri yıkıp kulak vermezsek, o bile bizleri gerçeğe yönlendiremez. Farkına varmak ve değişmek bireyler olarak bizlere düşer. Değişmek için karar vermeliyiz. Kendimizden başlayalım, gerçek yaşama adım atalım ve yenilenelim. Pratik önemlidir.

Sonuç

Eğer Tanrı'ya inanıyorsanız, bilmeniz gerekir ki gerçek Tanrı insanların bilgiye sahip olmasını arzular. Tanrı her şeyi bilendir; neyin doğru neyin yanlış olduğunu, neyin iyi neyin kötü olduğunu bilir. Bu nedenle, Tanrı insanların gerçek ile yalanın arasındaki farkı bilmesini ve gerçeği seçmelerini arzu eder.

Tanrı'nın endisi özgürdür ve herkesin de özgür olmasını arzu eder. Tanrı mükemmeldir ve bizlerin mükemmeliyette ikamet etmemizi ister. Bu yüzden, herhangi bir inanç özgürlüğümüzü, bilgimizi ve gelişimimizi sınırlıyorsa, Tanrı'dan olamaz.

Özgür olması gereken ilk insan sizsiniz

Özgürleştiren inanca doğru koşması gereken ve özgür olması gereken ilk kişi Sizsiniz. Lütfen "kimse özgürlüğü pratik etmiyor, ben nasıl pratik edebilirim ki?" demeyin. Özgürlüğe şöyle yaklaşmanız ve demeniz gerekir: "Eğer özgürlük en iyisi ise, benim için ondan kaçınmamın bir nedeni var mıdır?" O durumda yanıt: "Hayır. Özgürlüğü pratik etmem şart. Benim değerlerime değer veren, bana bilginin ve gerçeğin kapısını açan bir inancı takip etmeliyim" olacaktır.

Gelişim, ilerleme için katalizördür

Değişmeye ve gelişmeye karar verirsek değişimin ve gelişimin kapıları ailelerimize ve arkadaşlarımıza da açılacaktır. Bizim yüzümüzden, onlar da başkaları için bilginin ve gelişimin elleri ve ayakları olacaklardır. Etrafımızdaki insanların değişim ve gelişim sebebi olduğumuzda, onlarla beraber hedeflerimize ulaşmakta ilerleyeceğizdir. Bu nedenle toplumumuzdaki insanların araştırma, yazma, konuşma ve inanç özgürlüğünün herkesin hakkı olduğunu, haklarını temsil ettiğini ve gerekirse insanların hakları için bedel ödemenin gerektiğini anlamaları için çok çalışmamız bizler için önemlidir. Toplumumuzdaki her çocuk, neden kötü inançlardan uzak durma zorunda olduğumuzu ve özgürlüğü, nezaketi ve huzuru öğreten bir inancı takip etmemize gerek olduğunu öğrenmelidir.

Özgür bir toplumda diktatörlüğün yeri olamaz

Bilgi ve özgürlük sahibi olan bir toplumda diktatörlüğe yer olamaz. Bu nedenle, diktatörler karşılaştırmalı bilgilere giden yolları kapamaktadırlar ki kendileri insanlara hükmetmeye devam etsinler. Diktatörlük ve bilgi bir arada olamaz.

Gerçeğin bilgisi, ailede ve toplumda yaşamları ve ilişkileri bereketler ve güzelleştirir.

Değerlendirme Zamanı 1

1. İnsanların kişisel ve diğer inançlar hakkında bilgiye sahip olmalarına neden engel olunduklarına dair bazı sebepler veriniz.

2. İnsanların açık fikirli olmalarını ve bu sayede kendi inançlarını diğer inançlarla kıyaslamalarını ve en iyi olanı seçmelerini teşvik edebilmemiz için yollar var mıdır? Bunlar nelerdir?

3. Gerçek hakkında bilgi eksikliğimiz yaşamlarımızda Tanrı'yı alakasız yapar mı? Nasıl yapar?

4. Anlayışın faydaları nelerdir?

5. Eğer anlayış iyi bir şeyse, bunu ihmal etmemizin bir nedeni olabilir mi?

Kültürümüzü İyileştirmenin Gerekliliği. Neden? Nasıl?

Kültür nedir ve neden iyileştirmemize ihtiyaç vardır?

Kültür inançları, değerleri, dilleri, gelenekleri, deyimleri, ahlakı, davranışları, müziği içerir ve kısaca, bir ulusun kimliğini oluşturur.

Gördüğünüz üzere bir kültürün bileşenleri onu kusurlu yahut kusursuz yapar. Sonuç olarak, bir kültürü kaliteli bir kültür yapabilmek için bileşenler iyileştirilmelidir. İyi kalitede bir kültüre sahip olmak mevcut kültürü tamamen yok etmeniz anlamına gelmez; fakat kusurlu olan bölümleri iyileştirmeniz veya değiştirmeniz anlamına gelir. Bu nedenle, yüreklerinizi hayatın en iyi değerlerine açmalısınız; bu değerler hoşlanmadığınız insanlardan gelse bile. İyi değerler, nereden gelirlerse gelsinler, her zaman iyidir ve herkes içindir. Kültürümüzün kötü bileşenlerini bu iyi değerlerle zevkle değiştirmeliyiz ki kültürümüzü güzelleştirelim.

Kültürünüz üzerine derince düşündünüz mü? Bir kültürün bileşenlerini kötüleştiren bazı problemleri izin verin sizinle paylaşayım. Belki de sizin kültürünüzün kusurları ve yenilenmeye ihtiyacı vardır.

Kusurlu bir kültürde başkalarının işine karışma problemi

Diğer insanların yaşamlarına müdahale etmek ve imtiyazlarını görmezden gelmek İslami kültürün günlük alışkanlıklarından biri değil midir? İslamiyet'in otoriter doğasından dolayı akrabalarınızda sizden yaşça büyükler, sizin olgun ve kendi ailenize sahip olmanıza bakmadan, yaşamınıza karışırlar. Devlet ve bazen insanlar da özgürlüğünüze saygı duymazlar. Kendi aileniz ve akrabalarınız da onlar gibi düşünmezseniz yahut inanmazsanız, size karşı haşinleşirler. Bu tür münasebetsiz müdahaleler aile fertleri arasındaki ve toplum içerisindeki güvensizlikten kaynaklanır ve gelişmelere her yönde barikattır. Neden? Akrabaları ve liderleri memnun etmek ve karmaşadan uzak durmak için insanlar yaşamlarına yenilik getirmeye çekinirler. Haşin ilişkilerden dolayı toplum yeni ve iyi şeylere kapalı kalır.

Eleştirilere karşı saygısızlık

Eleştiriye tahammülün olmadığı bir toplumda yaşam çok zordur. Çoğu insan, liderlerine olan korkudan dolayı özgür düşünen vatandaşlara saygı duymazlar. Bu vatandaşların eleştiriden ve karşıt düşüncelerden uzak durmaları beklenir. Eleştirenler bayanlar veya kızlarsa, tepkiler şiddet bile içerebilir. Siyasi liderliği eleştirmek çok maliyetli olduğu gibi yüksek rütbedeki birini eleştirmek de pahalıya mal olabilir.

Böyle tahammülsüz bir kültürde, insanlar adaletsizliğe sessiz kalmayı tercih ederler ve daha beter bir adaletsizliğin ellerine düşerler. Adaletsizlik ayrıca yaratıcılığın gelişmesini engeller; aldırmazlığı, tahammülsüzlüğü artırır ve gelişimin yolunu tıkar.

Bana dürüst olarak cevap verin, toplumunuz böyle bir problemle mücadele ediyor mu? Cevabınız evet ise, kültürünüzün dışarısında bir ışık aramanız ve kültürünüzü iyileştirme sorumluluğunu yerine getirmeniz gerekmektedir.

Yakınlardan korkma

Tekrar ve tekrar, çoğu Müslümanın gizlice düşünüp hareket ettiğini gördük. Kendi aile fertlerinin ya da diğer Müslümanların, aldıkları kararları bilmelerini istemezler. Seçim özgürlüğüne saygı duyan yabancılara daha çok güven duyarken, özgürlüğe saygı olmadığından dolayı kendi insanlarına zor güvenirler.

Bu korku, Müslümanlar arasındaki hiç de normal olmayan birbirine müdahalenin yarattığı güvensizliğin ve uyumsuzluğun sonucudur.

Toplumunuz böyle bir korku yarattı mı? Bu korkulardan kendinizi özgür bırakmalı ve kimsenin sizi ve itibarınızı küçük düşürmesine izin vermemelisiniz. Öğretim, itibarınızı korumaya ve sizin de başkalarına bunu öğretmenize yardımcı olmak içindir.

Kültürün kusurlarını örtbas etme

Kimileri yersiz olanı savunmaya, örtbas etmeye yahut inkâr etmeye eğilimlilerdir. Örneğin: İslamiyet'te Müslüman erkeklerin karılarını dövmeye dini izinleri vardır, fakat Müslümanlar bunu yabancılara doğrulamayı reddederler. Yahut İslamiyet bazı durumlarda yalan söylemeye izin verir, fakat Müslümanlar yabancıların önünde bunu inkâr ederler.

Böyle baskıcı değerler, ortaya çıkarılmaz ve bu değerlerin doğruluğu tartışılmazsa, o kültürde kalmaya devam edecek ve daha çok ziyana neden olacaktır. Kültürünüzü iyileştirmenin en iyi yolu, kültürünüzün karanlık noktalarını ortaya çıkarmanızdır ki böylece bunları başkaları da görebilsin ve size daha iyi seçenekler sunabilsinler.

Abartma ve gerçeği saptırma

Kültürünüz yüzeysel görünüm sunmaya büyük önem veriyor, başarısızlıkları zafer olarak gösteriyor veya küçük zaferleri abartıyor mu? Bu karanlıktan kendinizi uzak tutmaya çalıştınız mı? Cevabınız hayır ise, iyi bir kültürden iyi değerler benimsemeniz, bu alanlarda kültürünüzü yenilemeniz, kendinizi ve ailenizi böyle bir karanlıktan özgür kılmanız gereklidir.

Çocukluğunuzdan beri dış görünümünüzü hoş tutmanız, fakat nahoş olan şeyleri içinizde saklamanız öğretildi. Bu öğreti dürüst değildir. Eğer karanlığı içinizde tutarsanız, tüm hayatınız bu karanlık tarafından etkilenir ve uzun süreli mutluluk yerine yüzeysel bir mutluluğa sahip olursunuz. Dilinizi ve kültürünüzü böyle zarar verici karanlıktan acilen kurtarmalısınız.

Adam kayırma

Bazı insanlar adam kayırmayı ve taraf tutmayı destekler ve bu, toplumun yararına olamaz. Adam kayırma kanunsuzluğa, ayrımcılığa ve karmaşaya neden olur. Daha tecrübeli ve vasıflı işçinin yerine tecrübesiz biri atandığında toplum içindeki adam kayırma, kültürü daha da geriletir. Adam kayırma, liderlik için uygun olmayan insanlara kapılar açarak kültürü daha da tehlikeye sokar.

İnancınız adam kayırmaya izin veriyorsa, bu karanlığı reddeden ve daha iyi bir hayata kapı açan bir inancı benimsemeniz gerekmektedir.

Sorumsuzluk üretme

Bazı inançlarda, insanlar çalışıp kendi gelirlerine dayanmak yerine başkalarının zenginliğine dönmeleri teşvik edilir. Böyle inançlardan biri de İslam'dır ve müritlerine Müslüman olmayanları yağmalamayı öğretir. Başkalarına karşı onursuzluk eden böyle bir inançla iyi bir kültüre sahip olamazsınız. Bunu, çalışkan insanları takdir eden ve yabancılar dâhil, herkesin hakkına saygı duyan bir inançla değiştirmelisiniz. İyi bir kültür ve inanç, insanlarını tembelliğe karşı sorumluluk almayı öğretmelidir ki diğer insanların mallarını almaktansa kendi ayaklarının üzerinde durabilsinler ve verimli birer vatandaş olabilsinler.

Aşırı milliyetçilik

Aşırı milliyetçi "Bizim insanımız başkalarından iyidir. Değişmeye ihtiyacımız yoktur. Sadece bizim gibi düşünenleri severiz. Yabancı yabancıdır. Diğerlerine hükmetmeliyiz" diyendir.

Bu sağlıklı bir milliyetçilik değildir. Sağlıklı bir milliyetçilik sadece kendi kültürüne değer verip onu desteklemekle kalmaz; ayrıca başkalarına karşı açık olup, merak duyandır. Ayrımcılığı destekleyen bir milliyetçilik durgun bir kültür yaratır.

Kültürde şüphe

Bazı kültürlerde yaşamın birçok yönleri belirsizlik içindedir. Bu belirsizliğin büyük bir nedeni gelecek hakkında güvence yerine şüphe besleyen baskın inançtır. Böyle bir şüphe hayatın sosyal ve siyasi ilişkiler dâhil her alanına nüfuz eder ve insanlar arasında güvensizliğe yol açar.

Şüphe, eğer iyileştirilmezse her türlü karanlığa götüren ruhani bir karanlıktır. Şüphe içindeki kültürde, atalarının hatalı geleneklerini yıkma cesareti azalır. Eleştiriye tahammül yoktur ve yenilik için arzu belirtmek ise pahalıdır. Herkes, inançları ve otoriteleri hakkında iyi konuşmaya; yanlış talimatlar ve eylemler hakkında ise susmaya zorlanırlar. Genelde, insanlar liderlerinin onlara dayattığı her şeyi kabul etmeye zorlanırlar.

Bu kuşkuya ve şüpheye en iyi örnek İslami ülkelerde bulunabilir; bir grupta bile, liderlerin kendi üyelerine ve onların da liderlerine güvenmemesi gibi. Bazen bir birey din veya siyaset yüzünden, aile veya grup üyelerinden biri tarafından aşağılanır, hapse atılır ve hatta öldürülür.

Sünniler ve Şiiler arasındaki gerginlik 1400 yıl önce, Muhammed'in haleflerinin arasındaki gerginliğe benzer bir şekilde başlamıştır. Bu, onun ölümünden sonra başlayıp bugün hala devam etmektedir.

Görüyorsunuz ki bir inançtaki kuşku, haysiyetsiz taktikleri ve çıkarcı kültürü destekleyen kuşku dolu ilişkiler yaratır. İranlılar arasında bir atasözü vardır: 'köpek bile sahibini tanımaz', bu şüpheye örnektir. Bir köpeğin sahibine olan güvenini kırmak zordur. Fakat sahip şüphe içinde ise, köpek kaybolur ve başıboş dolaşır.

Şüphe içindeki kültürde güven nadirdir ve birçok koşula bağlıdır. İlişkiler derin değildir, aksine yüzeyseldir ve yapmacık saygıyı içerir. İnsanlar daha iyi ilişkiler arzu etmelerine rağmen, kültürlerindeki kuşkudan dolayı, uyumu engelleyen görünmez duvarlar kurmuşlardır. Bu uyumsuzluk nedeniyle, başkalarının hakları ikinci sırada gelir ve kolaylıkla görmezden gelinir. Arkadaşlıklar normalde geçicidir ve küçük veya büyük herhangi bir nedenden ötürü nefrete dönüşebilir.

Kültürünüz yukarıda verilen problemlere sahip mi?

Cevabınız evet ise, değiştirmek için size düşeni yapınız. Nasıl mı?

Kendinizden başlamanız gereklidir

Hayatınızı ve kültürünüzü bozan şeylerden uzak durunuz. İnancınız veya dininiz, kültürünüzü negatif yönde etkilediyse, harekete geçiniz; bunun nedenini bulunuz ve özgürlüğü, huzuru ve arkadaşlar ve yabancılar dâhil herkes için saygıyı destekleyen bir inancı araştırınız. Harekete geçmemeyi yeğlemek toplum için zararlı olabilir.

Kötü olan şeylerin etkileri her zaman zararlıdır

Dünyadaki hiçbir ilim şimdiye kadar, kötü şeyleri yararlı olarak onaylamamıştır. Kültürün kötü yönleri zarar vericidir. Bu şeylerle uğraşmamak her birinizin bireysel ve sosyal sorumluluğudur. Diğer kültürlerden iyi şeyler benimseyin ve bunları kendi hayatınızda kullanın ve yenilenin. Yeni yaşamınız kültürünüze ve toplumunuza bir ışık olacaktır. Birçokları sizden öğrenecek, aynısını yapacak ve kültürünüzde olumlu etki yaratacaklardır.

Asla ve asla kültürünüze iyi şeyler katkıda bulunmadaki sorumluluğunuzdan caymayın

Size kayıtsızlığa dair bir örnek vermeme izin verin ki; kayıtsızlığın sizin ve diğerleri için ne kadar tehlikeli olabileceğini görebilesiniz.

Bir Alman pastör, Martin Niemöller[1] kayıtsızlığının kendi ve diğerlerinin hayatlarını nasıl olumsuz etkilediğini şöyle anlatır: Hitler komünistleri öldürürken, Martin kendine komünist olmadığını ve onları savunmasına gerek olmadığını söyledi. Hitler Yahudileri ve diğerlerini öldürürken, kendisine aynı bahaneyi verdi. Hitler başkalarını öldürdükten sonra, üyelerden muhalefet edenlerden kurtulmaya başladı. Hapse atılanlardan biri de Martin'in kendisiydi. Kendisini Hitler'e karşı savunacak hiçbir cesur insan kalmamıştı artık. Kendisi ve kendisi gibi olan insanlar, katledilen insanları savunsalardı, şimdi toplumunda kendi hayatını savunacak birçok insan olurdu.

Pasif bir tavır, yanlışın büyüyerek tüm toplumun zarar görmesine yol açan kültürel bir karanlıktır. Bu nedenle kültürünüzü iyileştirmeniz gereklidir. Kültür statik değil, aksine dinamik ve değişkendir.

Kültürümüzü karanlığı reddeden, yararlı değerleri benimseyerek geliştirebiliriz. Kişisel ve ulusal kültürünüzü iyileştirme sorumluluğu size düşmektedir.

---

1. https://en.wikipedia.org/wiki/First_they_came_

Değerlendirme Zamanı 2

1. *Çeşitli inançların ve karşıt değerlerin olduğu bir dünyada, huzur ve uyum için olan en iyi yol nedir?*

2. Kültürümüzü iyileştirmek neden önemlidir?

3. Kültürümüzü iyileştirmeye nereden başlamalıyız?

4. Cesaret, kültürel iyileştirme ve ilerleme arasında bağ var mıdır?

5. Kültürünüzü iyileştirme sorumluluğu size düşer mi?

Daniel'ın Hayatından Kişisel Değişime Örnekler

Anlatacak harika tecrübelerim var. Bu sohbet serilerine size anlayışın özgürlüğümüze anahtar olduğunu söylemek için başladım. Sadece kendimizi sahte inançlardan korumak için değil; en iyi değerlerle yaşam hedeflerimizi takip edebilmemiz için inançlarımız dâhil her şey hakkında kişisel bilgiye ihtiyacımız vardır. Sizlere eğer özgürlüğe sahip olmak, yaratıcı olmak, evlerimizde ve toplumuzdaki ilişkilerimizde ilerlemek istiyorsak kültürümüzü iyileştirme sorumluluğunun bizim üzerimize düştüğünü söylemiştim.

Böyle bir değişimi kendim tecrübe etmeyip başkalarından değişime açık olmalarını istersem bu ikiyüzlülük ve yalancılık olur. Onun için bu sohbet bölümünde, kendi hayatımdaki kişisel değişimlerden bahsetmeye karar verdim ki bütün bu anlattıklarım benim hayatımdaki iyi değişimlerin birer yansıması olduğunu anlayasınız. Anlatacak gerçek bir hikâyem var. Ben değiştim, düşüncelerimde ve yüreğimde yenilendim ve hayatımdaki bu değişimler sayesinde bolca bereketlendim. Dilerim ki siz de sebeplerimi tartıp, böyle bir değişimi göz önüne alırsınız ve siz de bereketlenirsiniz.

İsa bana ilk önce kendim yenilenmezsem, başkalarından değişmelerini beklememin anlamsız olduğunu öğretti. Başkalarının iyi şeylere kulak vermelerini istemeden önce, bunlara önce kendim kulak vermeliyim. Eğer huzurlu, iyi ve sevecen bir ilişki tüm varlığımı ele geçirmezse, eğer sabır ve bağışlama benim için sadece lakırdı ise ve günlük hayatımda hiçbir önemi olmazsa, eğer adalet sadece başkaları takip ettiğinde iyi ise o zaman hikâyem, anlattıklarım ve tavsiyelerim anlamsız ve boşunadır.

Gerçekten çok yüzeyselliğe değer veren bir çevrede büyüdüm. Bu çevrede, insanlar genelde kendilerinin değil başkalarının değişmelerini beklerlerdi. Ben ise bana yapılsa çok sinirleneceğim şeyleri başkalarına kendim yapıyordum. Böyle tavırlar, başkalarının haklarını önemsiz gören bencil bir hayatın yansımasıdır. İsa Mesih, başkalarının yaşamları sizin için önemli değilse, başkalarının acılarıyla acı çekmiyorsanız, söylediklerinizin ve öğretilerinizin o insanlar için anlamsız olduğunu öğretir.

Mesih İsa'nın hayatımdaki işleri ve liderliği, laflarımı ve tavırlarımı vicdan eleğinden geçirmek ve kimliğimi iyi yönde şekillendiren şeyleri bende saklamak ve beni kayıtsızlığa, cahilliğe, saygısızlığa, ayrımcılığa, nefrete ve savaşa tutsak eden şeyleri benden temizlemektir.

Bir gün, bir ülkede, vatandaşlarını, şehirlerindeki düzenden zevk alabilmeleri için çöp atmamalarını uyaran, çevrelerini ve şehirlerini temiz tutmalarını teşvik eden bir televizyon reklamı izledim. Reklamda bir bayan caddede arabasını durdurmuş; mandalina soyup kabuklarını yere atıyordu. Yoldan geçen bir adam kabukları toplayıp bayanın arabasına geri attı.

Bayan, arabasını kirlettiği için adama öfkelendi. Adamın cevabı ise, bayanın başkasına yaptığının aynısını ona yaptığını ve bu davranışının iyi olduğuna inanıyorsa öfkelenmeye hakkı olmadığını söyledi.

Bu reklam iyi ve eğitici bir reklamdı. Reklam, bayanın davranışlarıyla yarattığı büyük problemi; milyonların yaşadığı şehri kirlettiğini vicdanında göremediğini; fakat bir başkası aynısını yapıp arabasını kirlettiğinde öfkelendiğini gösteriyordu. Bu bayanın, onu uyandırıp vicdanına yönlendirecek, kendisinde ciddi bir problem olduğu benmerkezciliğin farkına vardıracak ve bunun sonucunda başkalarıyla huzur içinde yaşamaya alternatif bir çözüm bulabilmesi için birisine ihtiyacı vardı.

Vicdan bizlere verilen en büyük nimetlerden biridir. Vicdan bizleri, insanoğlu olarak düşünmemizi, etrafımızdaki şeyleri tartmamızı ve en iyi olanı desteklememizi sağlar. Bana inanın, eğer içimizde vicdan olmasaydı, sizinle bu sohbeti ediyor olmazdım. Çünkü vicdan olmadan birbirimizi anlamak her ikimiz için de zor olurdu. Çok şükür ki, vicdana sahibiz ve bu vicdanın sayesinde, size yenilik için olan anahtarı ortaya çıkaracaklarının ümidiyle sizinle konuşmak, hikâyemi anlatmak, bilgimi ve yüreğimi paylaşmak için cesaretlendirildim.

Mesih İsa'nın Müjde'sinden öğrendim ki kendi vicdanıma güvenmeli ve başkalarını da aynısını yapmaları için teşvik etmeliyim; yoksa gerçeğe engel olabiliriz. Müjde'nin 2. Korintliler kitabının 4. kısmı

2. ayetinde söylediği budur: "Utanç verici gizli yolları reddettik. Hileye başvurmayız, Tanrı'nın sözünü de çarpıtmayız. Gerçeği ortaya koyarak kendimizi Tanrı'nın önünde her insanın vicdanına tavsiye ederiz. (Yeni Çeviri)

Müjde haklıdır. Gerçeğin sahtekârlığa ve hileye ihtiyacı yoktur. Gerçek insanların akıllarına, yüreklerine ve vicdanlarına seslenir ve gerçekliğini kanıtlayabilir. Gerçek asla sahtekârlığı ve hileyi insanların yaşamlarına girebilmek için köprü olarak kullanmaz.

İsa Mesih'in bu büyük bilgeliğinin ışığında, ben de inanıyorum ki vicdanınız size, birşeyleri tartma ve onların gerçek olup olmadıklarını keşfetme yetisi sağlamıştır. Yüreğiniz ve aklınız sahte şeylerin ardından gidebilir ama vicdanınız gidemez. Bu nedenle hikâyemi, tecrübelerimi, bilgimi ve anlayışımı vicdanlarınıza bırakmak istiyorum. Umut ve dua ediyorum ki vicdanınızın konuşmasına ve sizi doğru karara yönlendirmesine izin verirsiniz.

Yaşamımdaki değişim kökünden dallarına kadar oldu. İsa Mesih'in Müjdesi'nden harika bir hikmet öğrendim. Romalılar kitabının 11. kısmının 16. ayetinde der ki: kök kutsalsa, dallar da kutsaldır. (YÇ) Bu, fiziksel ve ruhsal hayatımızdaki her şeyin sahip olduğumuz köke bağlı olduğu anlamına gelir. Yaşamımız, kurulu olduğumuz temelin yahut kökün yansımasıdır. Eğer kökümüz ya da temelimiz iyi ise, yaşamımız da iyidir. Aksi takdirde, iyi bir yaşama sahip olamayız.

Bundan dolayı, doğru bir temel veya kök seçmemiz çok önemlidir ki bu kökte kurulalım ve bizlere sağladığı doğru besin ile yaşayalım. Fakat gerçek şudur ki doğru bir inancımız olmadan doğru bir köke sahip olmamıza imkân yoktur. Sadece doğru bir inanç bize doğru bir kök sağlayabilir.

Bu kök Tanrı'dır yahut inancınızı yazan liderdir. Bu nedenle gerçek Tanrı'yı ya da lideri bulmam ve kendimi O'nun değerlerine kurmam gerekti. Tanrı veya lider, benim seçim özgürlüğüme saygı duyar ve aile fertlerimin ve diğer herkesin özgürlüğüne saygı duymamı öğretir. Bu lider, İsa'nın bana gösterdiği Tanrı'dır. Bu Tanrı, insanların seçim özgürlüğüne saygı duymakla kalmaz, ayrıca bütün iyi şeyleri şahsi olarak insanlara göstermek için onlarla kişisel ilişki kurmayı arzu eder. İslam'ın anrısının aksine, O'nu arzulayanlardan Kendisini gizlemez. Tanrı bizleri kişisel olarak yarattı ki O'nunla kişisel ilişki içerisinde olalım.

Size hayat veren, her iyi şeyin kaynağı olan Tanrı ile kişisel ilişkiye sahip olmak iyi ve harika bir şey değil mi? Elbette ki. Bu yüzden size ve dünyaya anlatacak harika bir hikâyem var. Sizlere ne olduğunu ve neden Tanrı ile kişisel ilişkim olduğunu anlatacağım.

Görüyorsunuz ya, "ne ve neden" kelimelerini kullanıyorum. "neden, ne ve nasıl?" kelimelerine bayılıyorum. İsa'dan öğrendim ki bu kelimeler yaşam için çok önemlidir. Bu kelimeler bizleri doğru olmayandan, korkudan ve kör itaatten kurtarır;

doğru, cesaret ve kasıtlı karar verme üzerine yerleştirir. İslam'da "neden, ne ve nasıl" kelimelerini kullanmanıza izin yoktur. Muhammed'in ve Kur'an'daki anrısının sözlerini sorgulamak yasaktır. İslam'a derinden bağlı Müslüman liderleri eleştirmek ise çok maliyetlidir. Sonuç olarak, Müslüman olmaya devam edersiniz, özgürlüğünüz olamaz.

İncil'in Tanrısı bizleri peygamberlik sözünü veya talimatı kabul etmeden önce bu sözleri ölçüp biçmekte mesuliyet almamızı söyler. İsa, yolunun doğru olup olmadığını anlamam için "ne, neden, nasıl" kelimelerini kullanmama izin vermeseydi, O'nu takip etmezdim. Özgürlük İsa'yı takip etmedeki ilk adımdır. Bu yüzden, İsa Kendi düşmanlarının özgürlüğüne bile saygı gösterir.

Yani, beni seçim özgürlüğü ile yaratan bir Tanrı'yı takip ediyorum. Özgürlüğüm Tanrı için en önemli şeydir. Kimsenin kendi inancını bana dayatma hakkı olamaz. Bu harika bir şey değil mi? Bu nedenle, İsa'dan, hem dünyevi hem de ruhani, her yönde özgürlüğümü garanti eden kökü üzerine beni kurmasını istedim. Onun kökünde, her ulustan, dilden, ırktan ve renkten insanla adil, iyi, sevecen ve huzurlu ilişkilere sahip olmam sağlanır. Bütün dünyada insanlık arasında bir tane bile düşman gördüğüm yoktur. Benim tek düşmanım, seçim özgürlüğüne karşı olan ve insanları kayıtsızlığın ve cahilliğin karanlığında tutmak isteyen Şeytan'dır.

Hayatınızın her bölümünü gerçek Tanrı'nın veya standardın veya temelin veya kökün nasıl etkilediğini ve hayatınızdan tamamen zevk almanızı sağlayıp sizi herkes için bir ışık yaptığını şimdi anlıyor musunuz? İçinizdeki bu ışık, hiçbir karanlık etkeninin hayatınızı ve ilişkilerinizi mahvetmek üzere sizde yuva kurmasına izin vermez.

Ben şimdi bu Tanrı'yı takip ediyorum. İsa beni öyle bir kök üzerine kurdu ki bu kök bana yeni kimlikle beraber yeni yürek; yeni siyasi, sosyal ve ahlaki değerleri olan yeni bir dünya görüşü verdi ki düşmanlarım dâhil herkese önem vereyim. İsa Mesih bana daha iyi bir seçim yapmam için, birşeyleri tamamıyla köklerinden dallarına kadar kavramam gerektiğini açıkladı. Sağlıklı hayatlara sahip olmayı diliyorsak iyi seçimler yapmamız mecburidir. Ben İsa'da gerçek kökü takip ettim, ardından hayatımdaki her dal huzurlu ve harika oldu. Edindiğim ilk huzur, ölümden sonraki yaşamım hakkında olan ruhani güvendi. Anladım ki eğer bir insan Tanrı'nın kökü üzerine kurulmuşsa, kök sonsuz olduğuna göre o insan da bu kök üzerinde sonsuza dek duracaktır. Hayatta olduğum sürece Tanrı'ya ait olduğuma ve O'nunla sonsuza dek beraber olacağıma eminim. Tanrı'nın kökü üzerine kurulduğuma göre cehennem üzerine endişe duymamalıyım. Bu güven harika ve huzur verici değil mi? Elbette öyle.

Mesih İsa ile tanışmadan önce, her Müslümanın olduğu gibi, İslam'daki geleceğimden endişe duyuyordum. İslam'ın bende bıraktığı ölümden sonraki hayat hakkında olan güvensizliğimin üstesinden gelmeyi diliyordum. Kur'an kimsenin geleceğini bilmediğini söyler ve Muhammed de sürekli geleceğinden emin olmadığını söylemiştir. Bu beni rahatsız ediyordu. İslam'ın anrısı için her şeyi yapmam, Muhammed'in adımlarını izlemem isteniliyordu ve bütün bunlar bilinmeyen bir gelecek için. Fakat Hristiyan yazınları okuyarak fark ettim ki "eğer Tanrı merhametliyse, bu merhametini dünyadaki hayatımda da kanıtlamalıydı. Tanrı bunu, benim şimdi O'na ait olduğumu ve sonuna dek O'nunla olacağımın teminatını vererek kanıtlar."

Tanrı'dan görmeyi umut ettiğim en büyük merhamet beni şüpheden kurtarmasıdır. Benim ruhani teminatım Tanrı'nın bana verdiği diğer şeylerden daha önemlidir. Kurtuluşa şimdi ihtiyacım var. Özgür olabilmem için ruhani belirsizliğin üstesinden şimdi gelmem gerek. Gerçek ve merhametli Tanrı asla insanlardan güvenlerini bilinmeyen bir gelecek için O'na koymasını istemez. Esasında, Tanrı'nın esas amacı insanları gelecekleri hakkında olan belirsizlikten kurtarmaktır ve onların güvenlerini kazanmaktır.

Günlük yaşamlarımızda da aynıdır. Güvenirliğini kanıtlamayan birine güvenmeyiz. İsa Mesih'in Müjdesiyle karşılaştırıldığında Kur'an'ın büyük bir zayıflığını işte burada görürüz.

Müjde, İsa Mesih'i şimdi takip edersen şimdi ve sonsuza dek kurtulduğunu öğretir. Ama Kur'an, Muhammed'i takip edersen şimdi kurtulmadığını ve öbür dünyada kurtulup kurtulamayacağından emin olamayacağını öğretir. Yani, İsa'yı takip ederek bu dünyada Tanrı'nın merhametini hayatımda tecrübe edebildim; kurtarıldım ve ebediyet için güvencem oldu.

İsa Mesih'in kökünden aldığım ikinci harika şey ışığın, sevginin, iyiliğin, adaletin, doğruluğun, kutsallığın ve huzurun çocuğu olmamdır. Bunlar benim ve İsa'yı takip eden her bir kişinin kimliğidir. Eğer Tanrı ışıksa, sevgiyse, iyiyse, adilse, doğruysa, kutsalsa ve huzuru seven Tanrıysa, ben de Tanrı'nın temelinde kurulduğuma göre, bütün bu değerleri beraberimde taşırım. Şimdi bu araçlara sahibim ve arkadaşlarımla, bana karşıt ve düşman olanlara nasıl davranacağımı biliyorum. Arkadaşlarıma, karşıt tarafa ve düşmanlara ışık olmalı, onlara iyi davranmalı, adaletsizlik etmekten ne sebeple olursa olsun kaçınmalıyım. Yüreğimi onlara sevgiyle açmalıyım ve kalıcı ilişkiye sahip olmak için en iyi yolu beraber aramamıza teşvik etmeliyim.

İnanınca, onlara sevgi dolu hikmetle yaklaşıp kalıcı bir ilişki kurmak için en iyi yolu bulmayı isterseniz, en kötü düşmanlarınız bile en iyi arkadaşlarınız olabilir. Bu harika bir şey değil mi? Elbette harikadır. Ben de bu harika şeyleri Mesih'te olan inancımdan ötürü beni sevmeyenlerle olan ilişkilerimde yaşadım. Sizlere birkaç örnek vermeme izin veriniz.

Bir gün, bir bey bana Hristiyanlık hakkında hiçbir şey duymak istemediğini söyledi çünkü ona göre Hristiyanlık saçmalıktan ibaretti. Ona, saçmalık olduğuna gerçekten de inanıp inanmadığını sordum. Evet dedi. "O zaman yardımına ihtiyacım var. Bu saçmalığı yüreğimde taşıyorum. Yüreğimde saçmalık taşımayı istemem doğrusu" dedim. "Nasıl yardım edebilirim?" diye sordu. Ona, İsa'nın "Komşunu kendin gibi sev, düşmanlarını sev ve onlar için dua et, karını kendi bedenin gibi sevmelisin" dediğini söyledim. Kalıcı arkadaşlıklar kurmak için en iyi araçların sevgi ve iyilik olduğunu söylüyor. "Bunların hangisi sana saçma geliyor?" Bunların iyi şeyler olduğunu söyledi. Ona tekrardan İsa'nın "Aranızda en üstün olan, ötekilerin hizmetkârı olsun" dediğini söyledim. Yani, İsa insanları adalete ve huzura sadece mütevazı bir liderliğin götürebileceğini söylemek istiyor. Diktatörlük huzur ve adalet ile el ele yürüyemez. Bunun neresinde saçmalık buluyorsun? Müjde'de böyle şeylerin olduğunu hiç bilmediğini söyledi. Benden özür diledi ve Müjde'yi okumayı kabul etti.

Başka bir örnekte, bir caminin imamı, insanlara Kur'an'dan bazı ayetleri gözler önüne serdiğim için bana saldırmaya başladı. Ona dedim ki, "Bayım, dininizin en son ve mükemmel din olduğuna inanmıyor musunuz? Dininiz mükemmel olduğuna göre başkalarıyla huzurlu bir şekilde sohbet edebilmek için de mükemmel bir bilgeliğe sahip olması gerekir. Peki, neden böyle bir mükemmel dinin müridi şiddet kullanır? Siz Hristiyanlığa kusurlu diyorsunuz. Eğer durum buysa, kusurlu dine sahip olan benim şiddet kullanmam gerekmez mi; tersine siz şiddet kullanıyorsunuz ve bense huzurlu olanım."

Vicdanı etkilenmiş ve onu huzurlu bir konuşmaya davet etmekte haklı olduğumu anlamıştı. Onunla olan kısa ve huzurlu konuşmalarım, 6 ay süren dostça sohbetlerimizin iyi bir başlangıcı olmuştu. En sonunda ise yüreğini İsa'ya verdi. Caminin imamı olan biri İslam'ı terk edip İsa'nın takipçisi oldu!

Artık şiddete şiddetle yanıt vermemem size de inanılmaz gelmiyor mu? Ben şiddetin olduğu bir geçmişten geliyorum. Kendisini İslamiyet'e adamış bir lider, siyasetçi ve bilgin idim. İslam'a "hayır" diyenlere verilecek tek cevabın şiddet olduğunu öğrenmiştim. Ama şimdi, İsa Mesih'in liderliğinde bana karşıt olanlara O'nun sevgisi, iyiliği ve mantığı ile yaklaşmayı öğrendim ki derince düşünüp, gerçeği bulup, benim dostlarım olma imkânına sahip olabilsinler. İslam'dan Mesih'e olan yolculuğum, düşmanlarım dâhil herkese nimet olma fırsatını bana sunmuştur.

Bu benim hikâyem. İsa Mesih tarafından dokunuldum, yenilendim ve ebedi güven kazandım. Şimdi aklımı, yüreğimi ve vicdanımı insanların ilgilerini gerçek özgürlüğe çekmek için özgürce kullanan, yeni bir insanım. Hikâyemi dinlediğiniz için çok teşekkür ederim.

Değerlendirme Zamanı 3

1. Kendim iyi şeyler öğrenmeden (ve yapmadan), başkalarının iyi olmalarını beklemem mantıklı mıdır?
2. Niçin akıllarımızı, yüreklerimizi ve vicdanlarımızı eyleme dökmeliyiz?
3. İnancımız ruhsal ve sosyal hayatlarımızı ne kadar etkilemektedir? Bu etki olumsuz ise, başka bir alternatif aramalı mıyız?
4. Tanrı'ya inanıyorsanız, Tanrı'yı tanımak, Tanrı ile kişisel ilişki sahibi olmak ve Tanrı'dan ebedi güven almak iyi bir şey midir?
5. Daniel neden güvenini İsa'ya koymuştur?
6. Kendinizi Daniel ile hangi yönlerle özleştiriyorsunuz?

Tanrı – Tanrı Var mıdır?

Tanrı'nın var olup olmadığı hakkındaki felsefi tartışmalarının kökü tarihte derinlere gider. Tarihi kanıtlar bizleri Milattan Önce (MÖ) beşinci yüzyıla, Sokrates'ten öncesi döneme, ilk kez Tanrı'sız doğanın işlerini tanımlayanlara götürür. Bu devrin en önemli insanı ve akımı Thales'tir.

Komünist ve Darwinizm akımlarından sonra Tanrı'ya inançsızlık felsefesi daha da ses kazanmıştır. Sonradan, Tanrı ve Yaratılış felsefelerinin yaygınlaşmasına karşı güçlü siyasi duruş bile almıştır.

Tanrı'nın var olduğuna inanmayanlar şöyle der: Tanrı görülemez yahut dokunulamaz ise var olamaz. Bilim henüz Tanrı'nın var olduğunu kanıtlamadığına göre Tanrı'nın var olup olmadığından emin olamayız. Bu nedenle dünyanın rastgele ve tesadüf ile meydana geldiğini ve bir Yaratıcının olamayacağını varsayarlar. Tanrı'nın var olduğuna inananlar ise şöyle der: Var olan her şey yaratıcıya sahip olduğuna göre, dünyanın var olması da Yaratıcısı olduğuna işaret eder.

Rastgele varoluş felsefesine karşı kanıtlar

İlk kanıt her şeyin düzenidir

Dünyadaki her şey, kaza ile oluşamayacak şekilde düzenli ve iyi biçimlendirilmiş bir yapıya sahiptir. Ne zaman bir şeyde muntazam bir düzen görsek, böyle bir düzenin arkasında zekâ, bilgi ve yönetim olduğu anlamına gelir. Bu durumda, rastgele varoluş felsefesi mantıklı değildir ve bu ayrıca bilimin mantığına da terstir.

İkinci kanıt vücut organlarının işleyişidir

İnsan veya hayvan vücudunun her bir üyesi belirli bir görev ve amaç için fevkalade bir zekâ ile yerlerine konulmuştur. Bu zekâ rastgele varoluş felsefesiyle örtüşmemektedir. Örneğin, bir zürafanın 13 kg kalbi vardır ve uzun boynundan başına kan gitmesi için bir filin kalbinin iki katından fazla basınca sahiptir. Beyin kısmının yakınında sünger gibi işlev gören ve baş aşağı iken kan basıncını azaltmak için kanı yavaşça emen özel bir kan damarı sistemi[2] vardır; yoksa kafası patlayabilir. Eğer basınç çok yüksekse, bu sünger zürafa zarar görmeden önce, zürafaya başını kaldırması gerektiği sinyalini gönderir.

Böyle inanılmaz bir tasarımı rastgelelik felsefesi ile açıklamak mümkün müdür? Elbette hayır.

Üçüncü kanıt insanlık arasındaki ahlaki uygulamalar

Günlük hayatta uygulanan ahlaki davranışlar rastgele olaylar sonucu olamaz. Örneğin, tecrübe veya standart olmadan, bu iyidir ama şu kötüdür veya bu yanlıştır ama diğeri doğrudur diyemeyiz. Fakat

---

2. https://en.wikipedia.org/wiki/Giraffe#Neck; http://www.africam.com/wildlife/giraffe_drinking.

böyle tecrübelerimize ve standartlara güveniyorsak, rastgelelik felsefesi anlamsız olur. Neden? Çünkü onları geçmişimizde tecrübe ettik ve geçmiş tecrübelerin bilgisi şimdiki hayatımızın standardıdır. Bu bilgi ile olumsuz ve zararlı şeylerden kaçınabilmemiz için gözlerimiz açık bir şekilde geleceğe ilerleyebiliriz.

Bu yüzden, bizleri arzuladığımız hedeflere yönlendiren bu standartların, tesadüf yerine değerlendirme kabiliyeti ve akıllı karar vermenin sonucu olduğunu görebiliriz. Bu nedenle, rastgelelik felsefesi sadece bir teoridir ve hayatımızın uygulamalı yönleriyle uyuşmamaktadır.

Dünyadaki her ailenin ahlaki düzeni de rastgelelik felsefesine karşıdır

Tarih boyunca ebeveynler, Tanrı'ya inanmayanlar bile, kendi çocuklarıyla evlenmekten sakınmışlardır. Böyle bir hazır kuralı takip etmek kati surette rastgelelik felsefesine karşıdır. İlaveten, kimse rastgele olayda bu insan benim seçilmiş eşim yahut bu çocuk bizim sahip olmaya karar verdiğimiz çocuktur diyemez; çünkü seçme ve yerleştirme, tesadüf bir yaşamla ve felsefeyle eşleşemez.

Gördüğünüz gibi dünyadaki her şey, bilim dâhil, rastgele varoluşçuluk felsefesiyle uyumsuzdur, aksine kâinatı tasarlayıp yaratan bir Yaratıcının varlığına işaret eder.

Dünya Tanrı tarafından yaratılmıştır. Bunu anlamamız

için etrafımızdaki şeylere daha dikkatlice bakmamız gereklidir.

Bu Tanrı Kimdir?

Tanrı birçok din tarafından farklı şekillerde tanımlanır. Fakat hangi din doğruyu söylüyor? Bu kitaptaki planım, değişik dinlerin Tanrı'ya olan yaklaşımlarını tartışmak değildir, fakat Müslümanların ve Hristiyanların Tanrı görüşlerini karşılaştırmayı amaçlıyorum. İslam ve Hristiyanlık Tanrı'yı farklı şekilde mi görüyor? Elimizden geldiğince beraber görelim.

İslam'da ve Hristiyanlık'ta Tanrı

Tanrı bu inançların ikisinden birinde olan insanlarla ilişkiye sahip olabilir mi?

Kutsal Kitap der ki: Tanrı, doğası gereği Kendini açığa çıkaran Tanrı'dır. Bu Tanrı insanlarla kişisel ilişkiler kurar ki Kutsal Kitap'ta da birçok insanla kişisel ilişkisi olduğu görülmektedir.[3]

Kur'an der ki: Allah doğası gereği Kendini açığa

---

3. Kutsal Kitap'ın Tanrısı kişisel ve ilişkiseldir, bu nedenle mutlak görünmeyen Tanrı olamaz, aksine görünür Tanrı olabilir. Doğası gereği görünürdür ki Kendisini Eski Antlaşma'da bazılarına açığa çıkarmış, bütün peygamberlerle direkt olarak konuşmuş ve Yeni Antlaşma'da Kendisini İnsan olarak göstermiştir. Ahlakına ve kararına göre bazı durumlarda Kendisini gizler.

çıkarmayandır ve insanlarla kişisel ilişkiye sahip olamaz. Bu Yunan felsefesine benzemektedir: Yunan felsefesinde Tanrı'nın kişiliği yoktur ve kendini açığa çıkaramaz. Müslüman bilginler Yunan felsefesinden etkilenmişlerdir çünkü Allah'ın özellikleri sadece Yunan felsefesiyle eşleşmektedir.

Kutsal Kitap'ta Tanrı'nın gördüğünü, duyduğunu, insanlara direkt olarak konuştuğunu, Kendini istediğine gösterdiğini okuruz. Ama Kur'an En'âm Sure'sinin (6) 103'üncü ayetinde Allah'ın gördüğünü ama görünmez olduğunu ve Şûrâ Sure'sinin (42) 51'inci ayetinde Allah'ın bir insanla ancak perde arkasından konuştuğunu söyler. Yani, Kur'an Tanrı'nın Kendini saklayıp göstermediğini, fakat Kutsal Kitap Tanrı'nın Kendisini açığa çıkardığını söyler.

Şimdi mantıksal bir tartışmaya girmeden önce, size basit bir soru sormama izin veriniz. Yaratıcınızı yüz yüze görmek ister misiniz?

Birçok defa çeşitli dinlerden olan birçok insanın, Yaratıcılarını görmeyi istedikleri cevabıyla hayrete düştüm. İslami görüşün aksine, bazı önemli Orta Doğu Müslüman felsefeciler, din bilimciler ve şairler de Tanrı'yı yüz yüze görmeyi arzulamışlardır.

Özetle, size Tanrı'nın siz O'nu görmeyi arzu ederseniz Kendisini asla saklamak istemeyeceğini söylemek istiyorum.

Tanrı neden Kendisini gizlememelidir

Tanrı sevgisini kişisel olarak gösterir

Tanrı sevginin Tanrı'sıdır; sevgisini gizlemez. İlişkilerinde sevgisini göstermemiş bir insana asla sevecen demezsiniz. Tanrı da aynıdır; sizinle ve yarattıklarıyla olan ilişkilerinde sevgisini gösterir. Sonuç olarak, Tanrı önce bizimle ilişki kurmalı ve ardından sevgisini göstermelidir. Tanrı Yaratılışı başlangıçta planlamış ve bu planda sevgisini de dâhil etmiştir. Yaratılışta, Kendisini Âdem ve Havva'ya açığa çıkarmış ve böylece Tanrı'yı ve sevgisini kişisel olarak görebilmişlerdir.

Eğer anrınız kendisini açığa çıkarmıyorsa bu nedenden ötürü ilişkisel bir anrı olamaz ve hayatınıza karşı bir ilgisi yoktur.

Tanrı Kendisini açığa çıkarırsa O'nu daha iyi tanıyabiliriz

Tanrı tarafından kişisel olarak yaratılan her bir birey yaratıcısını kişisel olarak tanımalıdır. Tanrı'yı kişisel olarak tanımak bir aracı ile tanımaktan daha iyi değil midir? Aracı olmadan bir insanı tanımak yakınlık yaratır. Aile kurmak istediğinizi varsayın, gelecekteki hayat arkadaşınızı kişisel olarak tanımanız ve ardından evlenmeniz daha faydalı olmaz mı? Tanrı ile de aynı şekildedir. Tanrı ile bir araya gelmek istiyorsanız, O'nu kişisel olarak tanımanız gerekir.

Tanrı'nın sözleri bizimle direkt olarak bağdaşamaz eğer O'nu kişisel olarak tanımıyorsak. Diğer yandan, kimse Tanrı'yı Kendisinden daha iyi tanıtamaz. O zaman neden Tanrı Kendisini kişisel olarak bizlere tanıtmasın? Tanrı kendisini gizlemez. Eğer dininiz Tanrı'nın kendini açığa çıkarmadığını ve kendini tanıtmadığını söylüyorsa, bu din Tanrısal olamaz.

Eğer bir insan Tanrı'yı kişisel olarak tanımıyorsa, Tanrı'nın resulü olabilir mi? Hayır. Tanrı'nın gerçek resulü Tanrı tarafından gönderilir. Eğer bir insan Tanrı'yı görmemiş , sesini duymamış ise ve O'nu tanımıyorsa, hangi mantıkla Tanrı'dan olduğunu iddia edebilir? Bunun hiç bir mantığı yoktur. Hakiki resul Tanrı'nın kendisi ile direkt bir ilişkiye sahip olmalıdır; Sesi ve kelimeleri ile yoksa bu resulün Tanrı'dan olduğu iddiası doğru olamaz. Ve bir dinde mantığa yer yoksa aldatma, zorlama yahut kılıç mesajı kabul ettirme araçları olacaktır. Bu nedenle, dininiz peygamberinizin Tanrı'yla kişisel olarak görüşmediğini öğretiyorsa, Tanrı ile resulleri arasında kişisel ilişkiyi destekleyen başka bir inanç aramalısınız.

Sevginin Tanrı'sı insanları kişisel olarak yönlendirmeyi arzu eder

İnsanların "Tanrı seni yönlendirsin" dediğini hiç duydunuz mu? Bunun nedeni insanların Tanrı tarafından kişisel olarak yönlendirilme arzusudur. Eminim ki hepiniz bana katılacaksınız; adalete, doğruluğa, kutsallığa ve iyiliğe gelince Tanrı'nın en iyisi olduğuna. Öyleyse, insanları Tanrı'dan başka en iyi kim yönlendirebilir? Hiç kimse. Tanrı bilir ki eğer Kendisi sizi yönlendirirse, Şeytan size yaklaşamaz. Ama eğer peygamber sizi yönlendirirse, Şeytan'ın etkisine karşı dirençli olamazsınız. Bu nedenle Tanrı Kendisini gizlemez ve sizi kişisel olarak yönlendirmek için Kendisini açığa çıkarmayı sever. Bundan dolayı, Tanrı'nın sizi kişisel olarak yönlendirmesine izin verirseniz, aracı veya peygamber aracılığıyla yönlendirilmenizden daha güvenli olacaktır. Sonuç olarak, eğer dininiz Tanrı'yla kişisel ilişkiye sahip olma şansını size vermiyorsa ve kör bir şekilde peygamberinizi izlemenize mecbur ediyorsa, bu din Tanrı'dan olamaz.

Tanrı kişisel olarak dünyada adalet kurmayı arzu eder

Eğer Tanrı adalette nihai otorite ise, Şeytan adaletsizlikte nihai otoritedir. Tanrı'dan başka kim Şeytan'a karşı zafer kazanabilir ve dünyadaki hayatınızda adalet kurabilir? Tanrı'dan başka kimse bunu yapamaz. Bu durumda, Tanrı'nın Kendisini açığa çıkarması ve dünyada adalet kurması gerekir. Böylece, dininiz Tanrı'nın bizim için Şeytan'la savaşmak üzere Kendisini kişisel olarak açığa çıkarmadığını öğretiyorsa, bu din sizi yanıltmaktadır ve Tanrı'nın adaletinin kurulduğu yoldan habersizdir.

Tanrı insanoğlunu kişisel olarak kurtarmayı arzu eder

Şeytan adaletsizlikteki en üst otoritedir ve insanları zincirlemiştir. Durum buysa insanlığı Şeytan'dan ve günahtan kim kurtarabilir? Zincire bağlı bir insan kendisini Şeytan'dan kurtarabilir mi? Hayır. Birincisi, insan ruhani hapishanededir ve bir tutsak kendini kurtaramaz. İkincisi, Şeytan bu ruhani hapishanenin başıdır, bütün insanlardan daha güçlüdür, insanlıktan nefret etmektedir ve ayrıca, hiçbir insanın özgürlüğüne ve kurtuluşuna inanmamaktadır. Kimse kendisini kurtaramaz. İnsanoğlunun Tanrı'nın gelip onu kişisel olarak kurtarmasına ihtiyacı vardır. Tanrı'nın gelmesi demek Tanrı'nın Kendisini gizlememesi demektir.

Dininiz iyi işlerinizle kendinizi Şeytan'dan kurtarabileceğini söylüyorsa, sizi yanıltıyor. Ruhsal olarak kurtarılmamış ve özgür değilsek, bu kötü durum bizleri Tanrı'yı tatmin edebilecek kutsal işleri yapabilmemizden alıkoyar. Tanrı sevginin ve adaletin kaynağıdır. Öncelikle kendiniz Tanrı'nın sevgisinde ve adaletinde ikamet etmiyorsanız, tam anlamıyla Tanrı için düşünemez, konuşamaz ve hareket edemezsiniz. Diğer bir deyişle, Tanrı ile birleşmez ve günah ve Şeytan ile olan ilişkiniz iptal edilmemişse, işleriniz Tanrı'ya uygun olamaz. Tanrı'nın insanlık için olan arzusu bizlerin Şeytan'dan özgür olmasıdır önce. Şeytan'dan özgürlük, Tanrı için olan iyi işlerin başlangıcıdır. Diğer bir deyişle, Tanrı'nın ilk işi sizi özgür kılmak için Kendisini açığa çıkarmaktır. Tanrı'yı gerçekten tatmin eden iyi işler siz kurtarılıp özgür olduğunuzda başlar.

Yani, sevginin Tanrısı Kendisini gizlemez ve kurtarılışı ahirete ertelemez.

Bir insanın kurtuluşa bugün ihtiyacı varken yarına ertelemek adil midir?

Eğer Şeytan insanlığı Tanrı'dan ve dünyadaki Egemenliğinden ayırdıysa ve onları günahkâr yaptıysa, onların kurtuluşları da dünyada olmalıdır. Bu dünyada birbirinden zorla ayrılanlar en kısa zamanda birbirlerine kavuşmayı arzu etmezler mi? Beraberlikleri ertelenirse, bu daha acı verici olmaz mı? Tanrı'nın da bizim de yüreklerimiz aynıdır. Tanrı ziyareti ertelemek istemez. Kendisini bizlere burada dünyada açığa çıkarır. Kurtuluşumuz ertelenirse yüreklerimiz huzur bulamaz. Bu nedenle, dininiz Tanrı'yı gizliyor ve kurtuluşu ahirete erteliyorsa, bu din Tanrı'nın yüreğiyle uyum içinde olamaz.

Kutsal Kitap'ın Tanrı'yı nasıl açığa çıkardığını, fakat Kur'an'ın O'nu gizlediğini görüyorsunuz. Birinin dünyanın en güzel varlığını sizden gizlemesi hoş değildir. İsa, Tanrı'nın asla Kendisini sizden gizlemediğini öğretmiştir. O sizi seviyor. Ayrıca, İsa sizinle paylaştığım gerçekçi ve mantıksal sözlerin mimarıdır. Eğer bu sözler yüreğinize doğru geliyorsa, siz de İsa'yı takip etmelisiniz.

Değerlendirme Zamanı 4

1. Dünyanın tesadüf ile yahut kendiliğinden meydana geldiğine inanmak neden mantıksızdır?

2. Dünyadaki çoğu insan gelecekleri için iyi bir plan ister. Bir plan standardı gerektirir. İyi bir standart

geçmiş tecrübeleri karşılaştırmadan kurulamaz. Rastgele varoluşçuluk yaşamımızda böyle bir kasıtlı idare ve karar verme ile uyumluluk gösterebilir mi?

3. Uslamlayıp[4] gerçeği keşfetme yeteneğine sahip miyiz?

4. Romalılar 2:14-16'ya, sonra 2. Korintliler 4:2'ye ve son olarak Galatyalılar 3:24'e bakınız, insanlara vicdanları aracılığıyla Tanrı'nın Yasa'dan (tanıklık) haberdar olmalarına yardımcı olabilir ve Tanrı'nın Yasa'sına onları İsa'ya yönlendirmesine izin verebilir miyiz görünüz.

5. Yüreklerinin derinliklerinde, insanlar Yaratıcılarını görmeyi ve O'nunla birleşmeyi arzu ederler mi?

6. Gerçek Tanrı Kendisini niçin gizlememelidir?

7. Eğer bir insan Tanrı'yı kişisel olarak tanımıyorsa, Tanrı'nın resulü olabilir mi?

---

4. Bütün dinlerin takipçileri arasında Tanrılarının tek gerçek Tanrı olduğunu ve Tanrılarının onlara en iyi ve mükemmel dini verdiğini söyleyen insanlar mevcuttur. Dünyadaki bütün dinlerin takipçilerinin aynı zihniyete sahip olduğunu bir düşünün; karşılaştırmaya, uslamlamaya ve başkalarıyla gerçeği aramaya inanmayan ve hiçbir sıkıntı veya soru olmadan yaşayan insanlar. Karşılaştırma yapmadan gerçek Tanrı'yı keşfetmek nasıl mümkün olabilir?

8. Kurtuluş meselesini çözmek bugün mümkünse ahirete bırakmak neden? Şimdi kurtulmak iyi değil midir?

Gerçek ve Sahte Tanrı'yı Birbirinden Nasıl Ayırabiliriz?

Kâinatta sadece tek bir Tanrı vardır, fakat diğer dinlerin bizlere öğrettikleri anrılar bu Tanrı'dan çok farklıdır. Peki, hangi din gerçek Tanrı'yı öğretmektedir?

Hangi dinin gerçek Tanrı'ya sahip olduğunu bilebilir miyiz?

Evet. Okumak ve görmek için gözlerimiz, duymak ve dinlemek için kulaklarımız, karşılaştırma yapmak için beyinlerimiz, değerlendirmek ve gerçeği bulmak için yüreklerimiz ve ne pahasına olursa olsun bu gerçeği savunmak için vicdanlarımız vardır. Yani, gerçek Tanrı'yı aramak, O'nu bulmak ve O'nunla yaşamak için gereken kabiliyet bizde vardır. Herkes farklı dinlerdeki anrıların özelliklerini dini kitaplarından okuyabilir veya duyabilir. Bu anrıları birbirleriyle karşılaştırıp gerçek Tanrı'yı sahte anrılardan ayırt etmemiz mümkündür.

Gerçek Tanrı'yı keşfetmemiz için gereken ölçütler nelerdir?

Bu ölçütler şunlardır:

1. Felsefi ölçütler
2. Öğreti (Doktrin) ölçütleri
3. Sosyal, siyasal, ekonomik ve ahlaki ölçütler

Felsefi Ölçütler

İlk felsefi ölçüt Tanrı'nın kişisel olduğudur

İnsanlarla kişisel ilişki kurabilmesi ve onlara yardım edebilmesi için Tanrı'nın kişisel olması gereklidir. Kişisel olmayan bir anrı insanla kişisel ilişki kuramaz, onu kurtaramaz yahut onu yönlendiremez. Böyle bir anrı aciz ve işe yaramazdır. Örneğin, İslam'ın anrısı kişisel değildir. İslam'ın peygamberi, Muhammed, Tanrı'yı göremediğinden dolayı, Tanrı'yı kesinlikle görünmez ve kendini açığa çıkarmayan bir anrı olarak ilan etmiştir. Ölümünden sonra ise, İslami filozoflar kendi felsefelerini Muhammed'in tecrübelerine dayamışlar ve Tanrı'yı kişisel olmayan, erişilmez ve bilinemez olarak tanımlamışlardır.

Eğer anrı kesinlikle görünmez ise, o zaman kendi düşüncelerini, kelimelerini yahut eylemlerini de açığa çıkaramaz. Bu ayrıca demektir ki planlarını açığa çıkarma gibi bir fikri; planı hakkında konuşmak için bir kelimesi ve planını eyleme koyma gibi bir kabiliyeti yoktur. Diğer bir deyişle, bu anrı konuşamaz çünkü sadece kişi konuşabilir; kişi olmayan değil. Bu anrı yaratamaz da, çünkü yaratılış kelimeleri gerektirir; bizim de dediğimiz gibi, "Tanrı söyledi ve oldu". İslam'ın anrısı konuşamadığına göre, yaratılış ona atfedilemez.

Yani İslam'ın anrısının kişisel olmayan doğası, Muhammed'e kendini göstermesine ve onunla ilişki içerisine girmesine izin vermemiştir. Bu anrı, kimseyle kişisel ilişki içerisine girmediğine göre, yardım edemez ve kurtaramaz. Çünkü yardım ve kurtarma açığa vurmayı ve kişisel ilişkiyi gerektirir.

Birçok Müslüman her gün dua edip tanrılarının onları doğru yola koymasını istemektedir. Kendini, yönlendirme ve koruma amacıyla açığa çıkaramayan bir anrı nasıl insanları doğru yola koyabilir? Yönlendirme ve koruma sadece kişisel bir ilişki ile tanımlanabilir; hâlbuki Kur'an, Allah'ın kendini göstermediğini ve kimseyle kişisel ilişkisi olmadığını söylemektedir.

Sonuç olarak, gerçek Tanrı için olan ilk ve temel ölçüt; Tanrı'nın insanları Şeytan'dan ve günahtan kurtarması için kendini açığa çıkarmasıdır. Eğer dininizdeki anrı ya da nihai gerçek kendini açığa çıkarmıyorsa, bu anrı gerçek Tanrı değildir.

İkinci felsefi ölçüt Tanrı'nın varlığı her yerde ve işlevsel olmasıdır

Tanrı bizimle pratik olarak beraber olabilir. Hem Tanrı hem bizler de kişisel özelliklere sahip olduğumuza göre, Tanrı bizlerle ve içimizde ise, bizler de Tanrı'nın varlığını kişisel olarak hissedebiliriz.

Tanrı'nın varlığının içimizde olduğunu söyleyebilmemiz için mantıklı nedenlere ihtiyacımız vardır. Çoğu Müslüman Kur'an'ın Tanrı hakkında olan felsefesini görmezden gelip Tanrı'nın onlarla olduğunu söyler. Müslümanların "Tanrı'nın kanlarında olduğunu, hatta şahdamarından da yakın olduğunu" dediklerini çok defa duydum. Tanrı gerçekten de Müslümanlarla mıdır? Bu iddia mantık ile kanıtlanabilinir mi? Hayır. Neden kanıtlanamayacağını anlatayım.

Eğer Tanrı sizinle ise, bu demektir ki Tanrı tüm güvencesiyle, iyiliğiyle ve sevgisiyle sizinledir. Tanrı iyi, merhametli, insaflı bir Tanrı olduğuna göre sizi hayatınızın hiç bir alanında kuşkuda bırakmayı istemez ve dahası geleceğiniz hakkında %100 güven verir. Eğer anrının size güven vermediğini veya diğer bir deyişle sizi mükemmel bir şekilde yönlendirmediğini söylüyorsanız, o zaman anrı gerçek Tanrı değildir.

Siz, bir Müslüman olarak, diyorsunuz ki Tanrı sizinledir, yolunuz için ışıktır ve sizi mükemmel bir şekilde yönlendirir. O zaman izin verin size önemli bir ruhani soru sorayım. Kurtarıldığınızdan ve cennete gideceğinizden kesinlikle emin misiniz? Sizin cevabınız, peygamberinizin cevabı ve Kur'an'ın cevabı "Hayır"dır. Bu demektir ki sizin anrınız geleceğiniz hakkında hiç bir güvence vermedi. Bu demektir ki güvencenin Tanrı'sı yahut gerçek Tanrı sizinle değildir, yoksa güvenceniz olurdu. Diğer bir deyişle, dininiz sizi gerçek Tanrı'ya götüremez. Bu dünyada Tanrı tarafından kurtarılıp cennete gideceğimiz teminatı olunca Tanrı'nın varlığı içimizde kanıtlanabilinir.

Üçüncü felsefi ölçüt Tanrı'nın bilinebilir olmasıdır

Gerçek Tanrı kişisel olarak bilebileceğiniz ve O'nunla olan kişisel tecrübelerinize dayanarak izleyebileceğiniz bir Tanrı'dır. Tanımadığınız kişiyi izlemezsiniz. Tanrı da aynıdır. Tanrı sizin O'nu kör bir şekilde yahut bir aracı ile izlemenizi istemez. Tanrı, sizin O'nunla olan kişisel tecrübelerinizden dolayı O'nunla olmanızı ister.

Gerçek Tanrı'yı keşfedebilmemizdeki öğreti ölçütü

İlk öğreti ölçütü Tanrı'nın tamamıyla erdemli olduğudur

Bu demektir ki tamamıyla erdemli olan Tanrı, kötü ve ahlaksız işler yapmaz ve bu işleri onaylamaz; çünkü O'nun doğası tamamen iyidir ve kötülükten uzaktır. Bu yüzden, eğer anrınızın kitabında anrınız günahın ve kötülüğün yaratıcısı ise yahut bunları bazı koşullarda onaylıyorsa, bu anrı gerçek Tanrı olamaz. Eğer inancınızın kutsal olup olmadığını bilmek istiyorsanız, tanrınızın sözlerini ve eylemlerini değerlendirmelisiniz.

İkinci öğreti ölçütü Tanrı'nın tamamıyla adil olduğudur

Bu demektir ki Tanrı haksız şeyler söyleyemez ve yapamaz. Örneğin, Tanrı kendi peygamberlerine ve liderlerine diğerlerinden daha çok hak veremez, çünkü Tanrı tamamıyla adildir. Tanrı erkeklere kadınlardan daha çok hak veremez yahut erkeklerin karılarını dövmelerini istemez. O'nu izleyenlerin kimine diğerlerinden daha çok hak veremez. Tarikatçılığı destekleyip, insanları diğerlerinin haklarını yok saymayı teşvik edemez. Eğer tanrınızın böyle insafsız şeyleri onayladığını görüyorsanız, o tanrı, gerçek ve adil Tanrı olamaz.

Üçüncü öğreti ölçütü Tanrı'nın tamamıyla kutsal olduğudur

Bu demektir ki Tanrı günah işleyemez, günah yaratamaz veya günah işlemeye esinlendiremez yahut durum ne olursa olsun günahı onaylayamaz. Kutsal Tanrı insanları baştan çıkarıp onları günahkâr yapar mı? Kesinlikle hayır. Bu yüzden, eğer tanrınızın insanları baştan çıkardığını ve onları günahkâr yaptığını görüyorsanız, o tanrı kutsal olamaz. Böyle bir tanrı insanlar için iyi bir rol modeli olamaz.

Dördüncü öğreti ölçütü Tanrı'nın sevecen ve iyi olduğudur

Bu demektir ki Tanrı insanlara saygı duyar ve onları sever ve onların ilgilerini Kendisine bilgelik, iyilik ve huzur ile çeker. Tanrı bizleri yaratmayı arzuladığına göre, O'nunla birlik halinde olabilmemiz için gereken sevgiyi ve iyiliği de sağlaması gerekmektedir. Bir babanın çocuğuna olduğu gibi, Tanrı'nın da size sevgi ve eğitici bir tavır ile yaklaşması gerekir ki siz de O'na şevk ile koşup, O'nunla birlik içerisinde olabilesiniz. Tanrı, seçim özgürlüğünüzü hiçe sayıp size adaletsiz bir şekilde davranan acımasız bir insan gibi olmamalıdır. Eğer tanrınız böyle bir sevgiye ve iyiliğe sahip değilse, gerçek Tanrı olamaz ve onun dini insanlar arasında sevgi, iyilik ve huzur sağlayamaz.

Şimdi sıra, size gerçek Tanrı'yı keşfedebilmeniz için olan bazı sosyal, siyasal, ekonomik ve ahlaki ölçütleri vermekte.

Sosyal ölçüt

Gerçek Tanrı cinsiyet, ırk, ulus, inanç, pozisyon ve insanları birbirinden ayıracak her türlü ayrımcılıktan tamamıyla uzaktır. Sizin tanrınız eğer erkeklere kadınlardan, efendilere kölelerden, kendi takipçilerine diğerlerinden daha çok hak veriyorsa, gerçek Tanrı olamaz.

Siyasal ölçüt

Gerçek Tanrı diktatörlük yerine mütevazı bir liderlik biçimini kurar ve destekler. Gerçek Tanrı'nın gözlerinde, en üstün insanlar en alçakgönüllü ve ötekilerin hizmetkârı olanlardır. Eğer tanrınız diktatörlük rolünü peygamberine veya her hangi bir takipçisine veriyorsa, gerçek Tanrı olamaz.

Ekonomik ölçüt

Gerçek Tanrı, herkesin, yani takipçilerinin ve diğerlerinin aynı zaman ve iş için eşit bedel almayı hak ettiklerine inanır. Gerçek Tanrı takipçisi olmayanların haklarını kısıtlamaz, görmezlikten gelmez yahut ağır vergiler ödettirmez.

Ahlaki ölçüt

Gerçek Tanrı asla yalanı, kandırmayı yahut durum ne olursa olsun herhangi bir ahlaksızlığı onaylamaz. Gerçek Tanrı kutsal bir Tanrı'dır ve O'nun kutsallığı günaha, günah işleyenin takipçisi olup olmadığına bakmadan, her zaman karşıdır. Eğer tanrınız takipçilerine diğer insanları kandırmayı ve yalan söylemeye izin veriyor ya da teşvik ediyorsa, gerçek Tanrı olamaz.

Dünyada birçok sahte tanrı ve inanç vardır. Eğer Gerçek Tanrı'nın kim olduğunu öğrenmezseniz, gerçek Tanrı'yı mı yoksa sahte tanrıyı mı izleyip izlemediğinizi anlayamazsınız. Bu bahsettiğim ölçütler benim gerçek Tanrı'yı bulmama, Yaratıcım ve Kurtarıcım ile harika tecrübeler yaşamamı sağladı. Sizin için duam, bu ölçütler size de yardımcı olsun ki siz de Tanrı'nın ebedi neşesi içerisinde yaşayınız.

Değerlendirme Zamanı 5

1. Eğer Tanrı'nın suretinde yaratıldıysak, Yaratıcımızı bilebilme kabiliyetine sahip olmamız gerekmez midir?

2. Eğer doğru ile yanlışı, iyi ile kötüyü ayırabiliyorsak, gerçek Tanrı'yı sahte tanrıdan ayırabilmemiz mümkün değil midir?

3. Eğer bir tanrı günaha yönlendiriyorsa, bu tanrı gerçek Tanrı olabilir mi?

4. Tanrı ile kişisel ilişki içerisinde olmak iyi bir şey midir yoksa değil midir?

5. Tanrı'nın varlığının içimizde olduğunu ne zaman kanıtlayabiliriz?

6. Tanrı'yı kim daha iyi tanıştırabilir: Tanrı ile ilişki içerisinde olan mı yoksa Tanrı ile hiç bir kişisel tecrübesi olmayan mı?

7. Eğer Tanrı'nın kişisel olduğuna inanıyorsanız, Tanrı'nın sizin kişisel rehberiniz olması için dua ediniz.

İslam'ın Tanrısı ile Hristiyanlığın Tanrısı arasındaki farklar

Bazı insanlar Müslümanlar ile Hristiyanların aynı Tanrı'yı takip ettiğini söylerler. İslam'daki metinlerin Hristiyanlıktaki Tanrı'dan farklı bir tanrı tanıttığını bilmezler. Bu nedenle, Kur'an'da yazılanlarla Kutsal Kitap'ta yazılanları karşılaştırmak istiyorum ki siz de İslam'ın tanrısı ile Hristiyanlığın Tanrısı arasındaki büyük farkı görünüz.

İlk fark: İslam'ın tanrısı insanlara yardım edemez

Daha önceki konuşmalarımda bahsettiğim üzere İslam'ın tanrısının ilişkisel olmadığına Kur'an ve Müslüman bilginler tarafından inanılır. Bu tanrı dolayısıyla yardım edebilmek için ilişki kuramaz. İslam'ın tanrısı kişisel olarak ilişki kurmasa da, meleğini bağlantı kurmak ve yardım etmek için gönderir diyebilirsiniz. Bu hatalı bir felsefedir. Neden? Çünkü melek ilişkisel ise, ilişkisel olmayan bir tanrı ile ilişkiye sahip olamaz ve insanlığa tanrı elçisi olamaz. Kişisel olmayan bir tanrı kişisel elçiye sahip olamaz.

Görüyorsunuz ki İslam'ın tanrısının doğası gereği yardım etmesi beklenilemez. Ama Hristiyanlığın Tanrısı yardım edebilir. Kutsal Kitap'ın Tanrısı kişisel, ilişkisel ve işlevsel Tanrı'dır ve insanlara yardım edebilir. Yeşaya kitabının 45. kısmının 2. ayetinde, Hristiyanların Tanrısı der ki: Senin önün sıra gidip dağları düzleyeceğim. (YÇ) Gördüğünüz gibi Tanrı insanlarıyla yürüyor.

Tanrı insanlığı bir amaç için yarattı. Yaşamlarımıza amaç vermek için, Tanrı'nın devamlı olan kişisel varlığı ve rehberliği yaşamlarımızda gereklidir. "varlık ve rehberlik" kelimeleri sadece ilişkisel bir Tanrı için kullanılabilir, ilişkisel olmayan tanrılar için değil. Bunun içindir ki İsa Mesih'in elçileri Tanrı'nın açığa vurmasına tanıklık ettiklerini yazdılar. Elçi Yuhanna der ki Tanrı insan olup aramızda yaşadı ve O'nun yüceliğini gördük... lütuf ve gerçekle dolu (Yuhanna 1:14'ü okuyunuz.)

Görüyorsunuz ya, İslam'ın tanrısı yardım etmek için kendisini açığa vuramaz. Ama Hristiyanlığın Tanrısı doğası gereği Kendisini açığa vuran Tanrı'dır, insanlara kişisel olarak yardım etmek ve kurtarmak üzere Kendisini açığa çıkarır.

İkinci fark: İslam'ın tanrısı iyinin ve kötünün yaratıcısıdır

Hristiyanlığın Tanrısı sadece iyi şeylerin Yaratıcı'sıdır. İslam'ın tanrısına iyi ve kötüyü yarattığı, insanlıkta günah esinlendirdiği ve onları yoldan çıkardığı için yüce denilir. Hristiyanlığın Tanrısına sadece iyi işleri için yüce denilir. O'nun doğası tamamen kutsaldır ve doğrudur. İnsanları yoldan çıkarmayı ve günah yaratmayı düşünemez bile.

Kur'an'ın Hadîd Sure'sinin (57) 22. ayeti, A'râf Suresi'nin (7) 16. ayeti ve Şems Suresi'nin (91) 8. ayeti İslam'ın tanrısının musibeti, günahı ve şerri tasarladığını ve bunları sonsuzluktan yaratılışa getirdiğini onaylamaktadır. Ama Kutsal Kitap'ın Tanrısı günahı ve şerri tasarlamaktan, planlamaktan veya yaratmaktan uzaktır. Sevecen, doğru, adil, barışsever ve iyi Tanrı insanları yoldan çıkaramaz. O'nun işi insanları bunlardan arındırmaktır. İslam'ın tanrısı sahteliğin ve günahın yaratıcısı ise, insanları gerçekten doğruya çağıramaz ve onlaradoğru rehberlik edemez.

Kur'an sahtelik ve günahı Tanrı'ya atfederek, insanları yanıltmaktadır. Günahın yaradılışı günahın ta kendisidir, o zaman İslam'ın tanrısı da bundan dolayı günahkârdır, hâlbuki gerçek Tanrı günahkâr olamaz. İkincisi, İslam'ın tanrısı günahtan kaçınamadığına göre, insanlar günahtan sakınmalarının bir nedeni olmadığını göreceklerdir. Eğer tanrı insanlar için günah yarattıysa, insanlar yüreklerini neden günaha açmasınlar? Günahı yaratan tanrı, toplumda gerçeğin yayılmasına engeldir. Gerçekte, Tanrı'nın Kutsal doğasından dolayı doğrucu Tanrı asılsızlık ve günah yaratamaz. Bu nedenle, Kur'an'ın tanımladığı tanrı gerçek Tanrı değildir.

Kutsal Kitap'ın Tanrısı Doğrucu Tanrı'dır. İsa Mesih'in Müjde'si 1. Yuhanna kitabının 2. kısmının 21. ayetinde "hiçbir yalanın gerçekle ilgisi olmadığını…"(YÇ) söyler. Ve Yakup kitabının 3. kısmının 17. ayeti der ki "Ama gökten inen bilgelik her şeyden önce paktır, sonra barışçıldır, yumuşaktır, uysaldır. Merhamet ve iyi meyvelerle doludur. Kayırıcılığı, ikiyüzlülüğü yoktur." (YÇ)

Üçüncü fark: İslam'ın tanrısı seçim özgürlüğüne karşıdır

Ahzâb Suresi'nin (33) 36. ayetinde kimsenin İslam'ın peygamberi Muhammed'in sözlerine karşı gelmeye hakkının olmadığını söyler. Ama Hristiyanlar'ın Tanrısı Yasa'nın Tekrarı kitabının 18. kısmının 22. ayetinde peygamberlerin sözlerini kör bir şekilde kabul etmemenizi; aksine, bilgi ile kabul veya reddetmeye hakkınız olduğunu söyler.

Dördüncü fark: İslam'ın tanrısı eşit imkânlara karşıdır

Kur'an'dan ve geleneksel İslami kitaplardan anlıyoruz ki Muhammed diğer Müslümanlardan, Müslüman erkekler Müslüman kadınlardan, açık tenli Müslümanlar koyu tenli Müslümanlardan ve genel olarak Müslümanlar gayrimüslimlerden daha çok hakka sahiptir.[5] Ama Mesih İsa'da olan inanç herkesi birbiriyle eşit yapar; ister Yahudi olun ister olmayın, ister köle ister özgür kimse, ister erkek ister kadın. (Galatyalılar 3:28; Koloseliler 3:11)

---

5. Referansları "İslam'da Liderlik Düzensizdir" başlığında görünüz.

Beşinci fark: İslam'ın tanrısı erkeklerin üstünlüğüne inanır

Kur'an'da Nisâ Suresi'nin (4) 34. ayeti ve Sâd Suresi'nin (38) 44. ayetinde erkeklerin karılarını dövmeye hakları olduğunu söyler. Nisâ Sure'sinin (4) 15. ayetten 16'ya, erkeklerin karılarını ahlaksızlıktan dolayı ölünceye kadar, aşsız ve susuz evde kilitli tutmaya hakkı bile olduklarını söyler. Hâlbuki aynı ahlaksızlık için erkekler kamçılanıp serbest bırakılırlar.

İsa Mesih'in Müjdesi böyle üzücü şeylere asla izin vermez; Efesliler kitabının 5. kısmının 25. ve 28. ayetlerinde erkeğin karısını kendi bedeni gibi sevmesi gerektiğini söyler.

Altıncı fark: İslam'ın tanrısı ayrımcılığa değer verir

Kur'an'da Tevbe Suresi'nin (9) 28. ayetinde gayrimüslimlerin pislik olduğunu; Enfâl Suresi'nin 55. ayetinde gayrimüslimlerin canlıların en kötüsü olduğunu; Bakara Suresi'nin (2) 65. ayetinde; Mâide Suresi'nin (5) 60. ayetinde ve Cuma Suresi'nin (62) 5. ayetinde Yahudiler'in ve Hristiyanlar'ın domuz, maymun ve eşek olduklarını söyler. Hâlbuki İsa Mesih'in Müjdesi Yahudiler'in ve diğerlerinin arasında bir fark olmadığını, Tanrı'nın herkesi aynı surette eli ile yarattığından dolayı herkesin Tanrı'nın gözünde aynı olduğunu söyler.

Yedinci fark: İslam'ın tanrısı ahlaksızlığın nedenidir

Enfâl Suresi'nin (8) 30. ayeti ve Yûnus Suresi'nin (10) 21. ayeti Allah'ın tuzak kuranlarının en hayırlısı olduğunu söyler. Bakara Suresi (2) 225. ayeti, Âl-i İmrân Suresi'nin (3) 28. ayeti ve Nahl Suresi'nin (16) 106. ayeti eğer durum gerekirse Müslümanları yalan söylemeye teşvik eder. Ama Müjde'de 1. Yuhanna kitabının 2. kısmının 2. ayeti "hiç bir yalanın gerçekle ilgisi olmadığını" söyler. (YÇ) Tevrat Mısır'dan Çıkış kitabının 23. kısmının 1. ve 2. ayetleri der ki: Yalan haber taşımayacaksınız. Haksız yere tanıklık ederek kötü kişiye yan çıkmayacaksınız. Kötülük yapan kalabalığı izlemeyeceksiniz. Bir davada çoğunluktan yana konuşarak adaleti saptırmayacaksınız. (YÇ)

Farkı görüyor musunuz? Hristiyanların Tanrısı yalan söylemeyin derken İslam'ın tanrısı duruma bağlı, der.

Sekizinci fark: İslam'ın tanrısı diktatörler üretir

Enbiyâ Suresi'nin (21) 23. ayeti der ki: Allah yaptığından dolayı sorgulanamaz fakat insanlar sorgulanırlar. Ahzâb Suresi'nin (33) 36. ayeti der ki: Allah ve Resulü hüküm verdikleri zaman, hiçbir müminin tercih kullanma hakları yoktur. Mücâdele Suresi'nin (58) 20. ve 21. ayetleri der ki: Allah'a ve peygamberine düşman olanlar en aşağı kimselerin arasındadır. Allah "Şüphesiz ben ve peygamberlerim galip geleceğiz" diye yazmıştır: Şüphe yok ki Allah çok kuvvetlidir, mutlak güç sahibidir.

İslam'daki liderliğin kökünden dallarına kadar diktatörlüğe dayalı olduğunu görüyorsunuz. Kutsal Kitap'ta liderliğin nasıl insanların özgürlüğü için tasarlandığına bir bakalım.

Tevrat'ta Yasa'nın Tekrarı 18. kısmının 22. ayetinde eğer peygamber haklı değilse, ondan korkmayın ve uymayın der.

> *Eğer bir peygamber RAB'bin adına konuşur, ama konuştuğu söz yerine gelmez ya da gerçekleşmezse, o söz RAB'den değildir. Peygamber saygısızca konuşmuştur. Ondan korkmayın.* (Yasa'nın Tekrarı 18:22, YÇ)

Yeşaya 1. kısmının 18. ayetinde, Tanrı bile insanlara der ki: Gelin davamızı görelim. Görüyorsunuz ki Kutsal Kitap'ta insanlar Tanrı vergisi seçim özgürlüğünü Tanrı'nın veya peygamberlerinin beyanlarını sorgulama ve kör itaatkârlıktan uzak durma hakkına sahiptirler. Niçin? Çünkü seçim özgürlüğü Tanrı'dandır ve Tanrı, özgürlüğe saygı duyar. Liderlik İsa'ya gelince daha da güzelleşir. Lider olarak, İsa öğrencilerinin ayaklarını yıkamıştır. (Yuhanna 13:5) Ve bir liderin nitelikleri hakkında şöyle der: Bilirsiniz ki, ulusların önderleri onlara egemen kesilir, ileri gelenleri de ağırlıklarını hissettirirler. Sizin aranızda böyle olmayacak. Aranızda büyük olmak isteyen, ötekilerin hizmetkârı olsun. Aranızda birinci olmak isteyen, ötekilerin kulu olsun. (Matta 20:25-27)

Yani İsa, yüreğinizdeki diktatörlük tohumunu yok etmeniz gerektiğini öğretiyor. Bu öğreti ulusları, ırkları, renkleri ve inançları ne olursa olsun, her bir bireyin özgürlüğüne saygı duymanızı sağlar.

Dokuzuncu fark: İslam'ın tanrısı bilgelikten noksandır

Allah'ın kendisi insanları günaha ve yolsuzluğa koyup, ardından onlardan Kendi yaptıklarından ötürü şükretmelerini istemesi nasıl bir bilgeliktir? Gerçek bilgelik insanları günaha zincirlemez, ama onların özgürlüğü için ışık olur. Kutsal Kitap'ın Tanrısı insanları günah ile yaratmadı. İnsanların kendisi günaha düşme nedenleridir. Ama Tanrı babacan yüreğiyle onları kurtarma fedakârlığında bulundu ve hala bulunuyor da. İslam'ın tanrısı ile Hristiyanların Tanrısı arasında dağ gibi fark vardır.

Onuncu fark: İslam'ın tanrısı Şeytan'ı ayartıp, onu insanlığa düşman etmiştir

A'râf Suresi'nin (7) 16. ayeti Şeytan'ın Allah tarafından azdırıldığını ve saptırıldığını söyler. Niçin? Çünkü insanlar için bir sorun çıkarıcı yaratmayı sevdi, özellikle de ona karşı gelenlere. Bu tanrı için Kur'an'ın her bölümünde merhametlidir denilmesi acayip değil mi?

Hristiyanların Tanrısı çok farklıdır. Şeytan'ı ayartmamıştır. Şeytan'ın kendisi seçim özgürlüğünü suistimal etmiş, Tanrı'ya başkaldırmış ve dünyadaki günahın ve kanunsuzluğun nedeni olmuştur. (Yaratılış 1:31; Hezekiel 28:14-17; Yahuda 6) Tanrı Şeytan'a her yönden karşıdır ve insanları, kendi düşmanlarını bile Şeytan'ın elinden kurtarmak ister.

On birinci fark: İslam'ın tanrısı İslam'ı yaymak için cinleri kullanır

Cin Suresi'nin (72) 1-13 ayetleri Allah'ın İslam'ı yaymak üzere cinleri kullandığını söyler. İbn-i İshak tarafından yazılan Muhammed'in hayat hikâyesinin 106. ve 107. sayfalarında, Muhammed'in Kuran'ın ilk verilen bölümü, Alak Suresi'nin (96) Şeytan mı yoksa Allah tarafından mı esinlendirildiğinden emin olmadığını söyler.

İslam'ın tanrısının işlerinde cinleri kullanma nedeni bir putperest tanrının niteliklerini taşımasındandır. Sadece putperestlikte cinlere güvenilir. Gerçek Tanrı dinini yaymak için cinlerle el ele yürümez. İslami kültürü putperest kültürden ayırmanın zorluğunu görüyorsunuz. Putperestlik kültürü ve inanışları kutsal ve tanrısal denilen Kur'an'ın bir parçası olmuştur. Kur'an'da cinlerin peygamberlere hizmet ettiklerini bile okuruz.

Hristiyanların Tanrısı sözlerini yaymak için cinleri kullanmamakla birlikte, insanları cinlerden özgür kılar ve insanları iyileştirir. Tanrı kutsaldır, adildir, doğrudur ve bilir ki cinler adaletsizlik yayarlar ve gerçeğin mesajını asla vermezler.

On ikinci fark: İslam'ın tanrısı müminlerini gelecekleri hakkında belirsiz bırakır

Kur'an'ın Meryem Suresi'nin (19) 68. ayeti müminlerin öldükten sonra hemen cehenneme gönderileceğini ve orada şeytanlarla beraber yargı gününe kadar bekleyeceklerini söyler. Bu Muhammed dâhil, kendini adamış Müslümanlar arasında korku yaratmıştır ve onlar yargıyı geçip geçemeyeceklerinden emin değillerdir. Bu belirsizliğin ruhani korkusu kendini adamış Müslümanlar'ın yüreklerini paralamış ve hiç biri kurtarılıp kurtarılmayacaklarına dair kesin bir cevaba sahip değildir. Cevapları, "Sadece Allah bilir" dir.

Ama doğru Hristiyanlar öldükten hemen sonra cennetteki Tanrı'ya gideceklerdir. Hristiyanlar için yaşam ve ölüm problemi bu hayatta çözülmüştür. Yaşayan ve cennette olan İsa'yı takip etmeyi seçerseniz, dünyadaki ömrünüzde sonsuz yaşamın egemenliğine girersiniz. Eğer İsa'yı takip ederseniz, yargıyı geçecek ve ahirette yargılanmayacaksınızdır. Direkt olarak cennete alınacaksınızdır.

On üçüncü fark: İslam'ın tanrısı bu dünyada erişilebilir değildir

İslam'da, bu dünyada Tanrı'nın egemenliğine erişim yoktur. Tanrı erişilebilir olmadığına göre, onun egemenliği de erişilebilir değildir.

Günlük yaşamda Müslümanlar genellikle Tanrı'nın onlarla beraber olduğunu söylerler. Ama bu Kur'an'ın ve İslam'ın, Tanrı'nın Kendisini açığa vurmadığı öğretisine karşıdır. Hâlbuki Hristiyanların Tanrısı Kendini açığa vuran ve erişilebilir Tanrı'dır. Sizi kurtarıp ve Kendisiyle birleştirmek; böylece ebedi ilişkiye sahip olabilmeniz için Kendisini İsa Mesih'te açığa vurmuştur. İsa'nın Adı ile O'nun sizi kurtarmasına izin verdikten sonra, O'na sonsuza kadar ait olacaksınız ve hiçbir şey sizi O'ndan ayıramayacaktır.

On dördüncü fark: İslam'ın tanrısının putperest cenneti vardır

Kur'an boyunca İslam'ın cennetinde Tanrı'nın varlığından bir haber yoktur. Ama Kur'an sürekli cihatçılara ve Allah'ın iyiliğini kazananlara cennette olacaklarını, zamanlarını hurilerle geçireceklerine söz vermektedir. (Kur'an 37:48; 78:33) Bu Muhammed'in zamanında putperest bir inanıştı.

İslami cennetin tersine, Hristiyanların Kutsal Kitap'ındaki cennet insanların şehveti için olan bir yer değildir. Tanrı'nın tahtıdır, Tanrı ile ebedi neşenin ve huzurun olduğu yerdir. İsa Mesih Müjdesinde takipçilerinin Tanrı ile cennette olacaklarını öğretir (Yuhanna 14:1-16). İsa Mesih'in Müjde'si der ki:

Her ulustan, her oymaktan, her halktan, her dilden oluşan, kimsenin sayamayacağı kadar büyük bir kalabalık tahtın önünde durup onları kurtardığı için Tanrı'yı methedecekler. (Vahiy 7:9)

Görüyorsunuz ki Hristiyanların Kutsal Kitap'ındaki cennet İslam'ın cennetindeki ahlaksızlıktan uzaktır. Hristiyanların Tanrısı İslam'ın tanrısından çok farklıdır. Bu Tanrı her yönden Allah'tan daha üstün ve güvenilirdir. (Vahiy 19:16)

Sizlere bu nedenleri verdim ki İsa Mesih'in Müjdesini kendiniz okumaya ve gerçeği kendi gözlerinizle görmeye cesaretlenesiniz. Benimle zaman geçirdiğiniz için çok teşekkür ederim.

Değerlendirme Zamanı 6

1. İslam'ın tanrısı insanlarla yürüyüp yaşamlarına amaç verebilir mi? Neden?

2. Neden herkes İslam'ın tanrısını değil de Hristiyanlığın Tanrısını takip etmelidir?

3. İslam'ın tanrısının nitelikleri onu takip edenlerin yaşamlarını etkiler mi?

4. Gerçek Tanrı'yı izlemek ve O'nu diğerlerine de tanıtmak bizler için neden önemlidir?

5. Kişisel olarak gerçek Tanrı'ya bize rehber olmasını isteyelim ki başkalarına O'nun doğruluğunun yansıması olalım.

İslam'ın Tanrısı İyi bir Rehber Olabilir mi?

Bu soruya iyi bir rehberin niteliklerini ve vicdanlarımızın gözleri vasıtasıyla hareket etme yollarını anlamadan uygun bir şekilde cevap veremeyeceğiz. İyi bir rehberin niteliklerine ve eylemlerine bir bakalım.

İyi bir rehber takipçilerine iyi ve güvenli varış noktası sunar

Belirli bir yere varmanız gerek; o yolu bilir ve siz onun kesin, düzgün, güvenilir ve şefkatli rehberliğine ihtiyaç duyarsınız. İyi bir rehber sizi varış noktasına götüreceğine söz verirse, onun bu sözün arkasında durmaya hazır olduğu ve bedeli ne olursa olsun bunu gerçekleştireceği anlamına gelir. Sizin oraya varacağınızı garanti eder; özellikle her engeli aşmaya güçlüdür, güveniniz %100'dür. İyi bir rehber varış noktasına kadar olan tüm yoldaki tehditleri ve tehlikeleri bilir ve her biriyle mücadele etmek için en iyi çözüme sahiptir. İyi bir rehber kötü maksatlılarla kendi takipçilerine tehdit olmaları için asla işbirliği yapmaz, ama takipçilerinin kalplerinde sarsılmaz güven kurmak için onlara karşı durur.

Allah, İslam'ın tanrısı, takipçileri için güvenli ve iyi bir varış noktasına sahip mi ve kendisi onlara tehdit olmayacağına garanti eder mi? İnsanlara emniyetle yol göstermesi için insanların güvenebileceği nitelikleri var mı? Allah ile yolculuğun nerede bittiğine bir bakalım.

Kur'an'ın Meryem Suresi'nin 67'den 72'ye olan ayetlerinden Allah'ın doğru takipçileriyle beraber kötü olanları yargı için cehennemde toplayacağını öğreniyoruz. Yargıdan sonra, kötü olanlar cehennemde kalmaya devam edecek, ama doğru olanlardan bazıları eğer iyi işleri kötü işlerinden ağır basarsa ve ince Sırat[6] köprüsünden geçebilirlerse, cennete gidebilecekler.

Bu ayetlerde, İslam'ın tanrısı doğru Müslümanlar'a diyor ki, "Hey, beni mutlu etmek için diğerlerinden daha sadıksın. Ama onun için seni ödüllendireceğimi garanti edemem. Yine de cehennemde kalabilir ve ebediyen acı çekebilirsin." Ne kadar iyi bir rehber!

İslam'ın tanrısının rehberliğinde görüyorsunuz ki kötü olanlar hak ettiklerini alıyorlar. Bu dünyada her istediklerini yaptılar, cehennemi hak ettiklerini biliyorlardı ve şimdi Allah onları cehenneme alıyor. Ama Allah'ın zavallı doğru müminleri Allah'a güvendiler ve Allah'ın onları cennete alacakları umuduyla bu dünyanın birçok şeylerinden kendilerini mahrum ettiler, ama şimdi kötü olanlarla aynı kadere sahipler. Vay canına!

---

6. İslam'da 'Sırat' en dar köprüdür, kılıcın keskin tarafı gibi incedir, cennet ile cehennem arasındadır. Sadece doğru olanların bu köprüyü geçip cennete gideceklerine inanılır. Hâlbuki İslam'ın peygamberi Muhammed bile bu köprüyü geçebileceğinden emin değildi.

Yani Kur'an'ın mesajı kötü insanlar için belirgin; onlar için iyi haberi yok, cehennemde kalacaklar. Ama doğru Müslümanlar için de iyi haberi yok; onlar da cehennemde kalabilirler. Allah'ın onu takip etmeyenlere düşman olduğundan şüphe yoktur. Bu ayetlere göre, kendisinin doğru Müslümanlarına da cana yakın gözükmemektir. Kur'an'da her Sure'nin başında kendisine "Merhametin Tanrı'sı" diye sesleniyor ama yargı yolunda onları cehenneme götürerek kendisinin doğru Müslümanlarına acı çektiriyor.

Bir tanrı eğer merhametli ise neden doğru olanlara kötü olanlarla aynı şekilde davranır? Bu "Merhametin" Kur'an'ca tanımı mıdır? Eğer Allah'ın merhameti doğru Müslümanı cehennemin dehşetinden korumuyorsa, Allah'ın merhametinin aldatıcı ve zalimane olduğundan başka ne sonuç çıkarılabilir? Bu Allah'ın liderliğinin yanlış yönlendirici doğasına belirgin bir örnektir.

Gerçek Tanrı doğru olanları direkt olarak cennete almamalı mı? Evet. Gerçek Tanrı alır. Kutsal Kitap'ın Tanrı'sı alır. Ama İslam'ın tanrısı bunu yapmaz, çünkü o gerçek Tanrı değildir. Bir Müslüman İslam'ın tanrısı için ne kadar doğru olursa olsun, onları yargı için ilk önce o dehşet verici yere, cehenneme yollayacaktır. Ve onların orada sonsuza dek kalabilmeleri muhtemeldir.

Kur'an cennete girişin belirsiz olduğunu söyler

Lokmân Suresi (31) 34. ayetinde der ki: Kıyametin ne zaman kopacağı bilgisi yalnızca Allah katındadır... Hiç kimse yarın ne kazanacağını bilemez...

Diğer bir deyişle, İslam'ın tanrısı hangi müminin cehennemde kalacağını bilir, ama Muhammed dâhil, hiç kimseye sırrını ifşa etmez. Bütün doğru olanları belirsizlikte bırakmıştır.

İslam'ın tanrısının rehberliğine şok olmadınız mı? Sizden onu takip etmenizi istiyor, ama sizi nereye yönlendirdiğini bilmiyorsunuz. Hedefini gizli tutan ve sizi nereye yönlendirdiğini bilmediğiniz birini takip eder misiniz? Cevabınız hayır ise o zaman aynı özellikte olan bir tanrıyı nasıl takip edebilirsiniz? İslam'ın tanrısı Muhammed'i bile belirsizlikte bırakmaktadır. Ahkâf Suresi'nin 9. Ayetinde Muhammed der ki: Bana ve size ne yapılacağını da bilmem.

Görüyorsunuz ki İslam'ın peygamberi gayesinin bilinmediği bir tanrıyı takip ediyor ve bu nedenle kendi kurtuluşunda hiçbir güveni yoktur. Ne Muhammed'in ne de doğru Müslümanlar'ın nereye gideceklerini bilmemeleri ve güvenleri olmamaları ama diğerlerini de bilinmeyen bir geleceği takip etmeleri için zorlamaları üzücü değil mi? Onları takip etmedikleri için çoğu insanı katlettiler.

Daha üzücü olan ise Muhammed'in Allah'ın rehberliğindeki bu belirsizliğine "müjde" olarak hitap etmesidir! A'râf Suresi'nin (7) 188. ayetinde Muhammed der ki: Eğer ben gaybı biliyor olsaydım daha çok hayır etmek isterdim ve bana kötülük dokunmazdı. Ben inanan bir kavim için sadece bir uyarıcı ve bir müjdeciyim.

Bu ayette, Muhammed demek istiyor ki Tanrı'nın doğruluğunu biriktirmektense, Şeytan'dan olan kötü işleri biriktirmiştir, çünkü Allah ona yeterli bilgiyi ve bilgeliği vermemiştir. Bu ayetin sonunda Muhammed'in uyarıcı ve müjde verici olduğunu söyler. Bilgi eksikliğini, iyi işlerin eksikliğini ve kötülüğün dokunuşunun tümünü "müjde" veya iyi haber olarak adlandırıyor. Buna inanabiliyor musunuz? Bilgi eksikliğine iyi haber der misiniz? Cennet hakkındaki belirsizliğe iyi haber der misiniz? Doğru Müslümanların Allah tarafından olan başarısızlığına iyi haber der misiniz? Peygamberini ve takipçilerini gelecekleri hakkında belirsizlik içinde bırakan Allah'ın gerçekten de iyi bir ruhani rehber olduğunu söyleyebilir misiniz?

Dilerim ki Müjde'yi okuma zamanı bulur ve Tanrı'nın Kendi takipçilerine nasıl göz kulak olduğunu görürsünüz. O, hayatta teminat sahibi olmaktan daha önemli bir şeyin olmadığını öğretir.

Muhammed'in geleceğine karşı Kutsal Kitap'taki peygamberlerin geleceği

Muhammed'in geleceği ile Kutsal Kitap'taki peygamberlerin geleceğinin arasındaki farkı bir görelim.

Tevrat'ın Mısır'dan Çıkış kitabının 32. kısmının 31-32 ayetleri Musa'nın adının ebedi kitapta yazılı olduğunu ve cennete ait olduğunu söyler. Yani, Musa takipçilerinin arasında yaşarken, kurtarıldığının ve Tanrı'nın cennette ona bir yer hazırladığının farkındaydı. Peygamber Daniel kitabının 12. kısmının 1. ayetinde Tanrı'nın takipçilerinin adları baki kitapta yazılı olduğunu söyler. Kutsal Kitap'taki bu peygamber diyor ki hiçbir korku gerçek Tanrı'nın takipçilerinin üstesinden gelmemelidir çünkü onların ebedi yerleri cennette Tanrı iledir.

Musa'nın, Daniel'in, diğer peygamberlerin ve Tanrı'nın bütün takipçilerinin adları hayat kitabındadır. Ama Kur'an ne Muhammed'in ne de bir başka Müslüman'ın adlarının hayat kitabında olduğunu söylüyor. İslam'da kimse geleceğinden emin değildir. Farkı görüyor musunuz?

İsa Mesih Takipçilerini yönlendirir ve onlara teminat verir

Müjde, imanınızı İsa'ya koyduğunuz anda cehennem ile olan ilişkinizin iptal edildiğini, kötülükten korunduğunuzu öğretir. Kurtuluş teminatı, Müjde'nin dünyadaki yaşam için ana mesajıdır, çünkü gerçek Tanrı insanları belirsizlik içinde bırakmaz.

İsa Yuhanna'nın Müjdesi'nin 5. kısmının 24. ayetinde dedi ki: Size doğrusunu söyleyeyim, sözümü işitip beni gönderene iman edenin sonsuz yaşamı vardır. Böyle biri yargılanmaz, ölümden yaşama geçmiştir.

Müslüman liderlerin, teminatın Tevrat'ına ve Müjde'sine kusurlu derken, teminattan noksan olduğu halde Kur'an'a mükemmel kitap demeleri üzücü değil mi?

Sizlere Allah'ın rehberlik nitelikleri hakkında daha şaşırtıcı şeyler vermeme izin verin. Kur'an'ın İbrâhîm Suresi'nin (14) 4. ayetine göre Allah sadece iyi bir rehber olmamakla kalmaz, insanları da yoldan çıkarır; bu ayet der ki Allah dilediğini saptırır.

Bir rehberin göğsünün üzerinde "Saptırırım" yazılı bir tabela asılı olduğunu hayal edin. Sizi yönlendirmesi için güveninizi bu insana koyar mısınız? Cevabınız hayırsa, o zaman sizi saptıran Allah'a da güvenmemelisiniz.

Size Allah'ın rehberliğine daha da üzücü bir örnek vereyim. Nisâ Suresi'nin (4) 88. ayeti der ki: Oh Muhammed, Allah kimi saptırsa, sen onun için asla bir çıkış yolu bulamazsın.

İslam'ın tanrısı, Kur'an'ın bu bölümünde diyor ki sizi öyle bir şekilde saptırır ki Muhammed'in aracılığı bile değersiz kalır. Geri dönebilmeniz için hiçbir çözüm olmayacak şekilde sizi saptıran birini niçin takip etmek istiyorsunuz? Görüyorsunuz ya İslam'da size açık bir şekilde sizin ruhani yaşamınıza kendisinin tehdit olduğunu ve ona güvenirseniz kimsenin sizi kurtaramayacağını söyleyen bir tanrı ile yüz yüzesiniz.

Bu nedenle İslam'ı terk ettim. Anladım ki İslam'ın tanrısı sadece iyi bir rehber olmamakla birlikte, ruhani hayatıma da tehdit idi. Yani, Müslüman kalmak benim için hiçbir şey ama ruhani kayıptı.

Şimdi size Kutsal Kitap'tan bazı örnekler vermeme izin veriniz. Kutsal Kitap'ın Tanrı'sının takipçileri için olan sevecen yüreğine şaşıracak ve Hristiyanların Tanrısını izleme nedenimi anlayacaksınız. Kutsal Kitap'ın Tanrı'sının takipçileri için yaptıklarını görünüz.

Tevrat'ta Yakup der ki (Yaratılış 48:15): Bugüne dek yaşamım boyunca bana çobanlık eden Tanrı. (YÇ)

Peygamber Davut Mezmurlar 23. kısım 1. ve 3. ayetlerde der ki: RAB çobanımdır;...İçimi tazeler. Adı uğruna bana doğru yollarda öncülük eder.

Peygamber Yeşaya der ki: Sürüsünü çoban gibi güdecek, kollarına alacak kuzuları, bağrında taşıyacak; usul usul yol gösterecek emziklilere.

Peygamber Hezekiel der ki: Ben kendim koyunlarımı güdeceğim, onları kendim yatıracağım. Egemen RAB böyle diyor. (Hezekiel 34:15)

Bakın İsa ne diyor: Ben iyi çobanım. İyi çoban koyunları uğruna canını verir.

Kutsal Kitap'taki Tanrı'nın yüreği Kur'an'daki tanrının yüreğinden öyle farklıdır ki.

İslam'ın tanrısının nasıl gerçek ve iyi bir rehber olamayacağına dair daha başka örnekler vermeme izin veriniz.

Başlangıçta İslam'ın tanrısı dinde zorlama olmamasına inanıyordu.

Muhammed Mekke'deyken ve çok fazla takipçisi ve siyasi gücü yok iken, tanrısı Bakara Suresi'nin (2) 256. ayetinde dedi ki: Dinde zorlama yoktur. Ve Kehf Suresi'nin (18) 29. ayetinde Muhammed'e dedi ki: Hak, Rabbinizdedir. Artık dileyen iman etsin, dileyen inkâr etsin."

Ama İslam'ın tanrısı sonra fikrini değiştirdi. Muhammed birçok takipçi edinince ve ordu kurunca, tanrısı Tevbe Suresi'nin (9) 33. ayetinde ona bütün dinlerin üzerine İslam'ı galip kılmasını söyledi.

Enfâl Suresi'nin (8) 12. Ayetinde Allah der ki: Ben kâfirlerin kalplerine korku salacağım. Şimdi vurun boyunlarının üstüne. Vurun, onların bütün parmaklarına.

Tekrardan, Muhammed gücünde zayıf iken tanrısı Bakara Suresi'nin (2) 62. ayetinde dedi ki: Müslümanlar, Yahudiler, Hristiyanlar ve Sâbiîlerden Allah'a ve ahiret gününe inanan ve salih ameller işleyenler için Rableri katında mükâfat vardır; onlar korkuya uğramayacaklar, mahzun da olmayacaklardır. Ama Beyyine Suresi'nin (98) 6. ayeti der ki: Hristiyanlar ve Yahudiler ve politeistler yaratıkların en kötüsüdür ve cehenneme gideceklerdir.

İslam'ın tanrısının ne yaptığını görüyor musunuz? İlk önce Yahudilere ve Hristiyanlara eğer inançlarını takip ederlerse cennete gideceklerini söylüyor. Ama sonra, onlara İslam'ı takip etmezlerse cehenneme gideceklerini söylüyor. Gerçek tanrı böyle bir karışıklık gösterir mi? Kafası karışmış bir tanrı başkalarını nasıl doğru yola yönlendirir?

Hatta bir Sure'de, İslam'ın tanrısı çelişkili kelimeler söylüyor. Âl-i İmrân Suresi'nin (3) 55. ayeti der ki: Hristiyanları kıyamete kadar İsa'ya inanmayanların üstünde tutacağım. Ama aynı Sure'nin 19. ve 85. ayetlerinde der ki: Allah katında Gerçek din İslam'dır. İslam'dan başka bir din kabul edilmeyecek.

Allah'ın bir Sure'de Mesih'i takip etmenin onun için en yüksek ruhani üstünlük olduğunu açıklıyor, ama aynı Sure'de yorumlarını unutup herkes İslam'ı takip etmelidir demesi şok edici değil mi?

Bakara Suresi'nin (2) 65. ayetinde İslam'ın tanrısı Musa'nın Cumartesi yasağını çiğneyen Yahudiler'den nefret ettiğini ve onları maymunlara çevirdiğini söylüyor. Ama diğer yandan Müslümanlar'dan, Yahudiler'e Cumartesi yasağını terk etmeleri, Müslüman olmaları ve Cuma duasını izlemeleri için baskı yapmalarını istiyor.

Bu acayip değil mi? Bir yandan, İslam'ın tanrısı Yahudilerin dinlerini terk etmelerini yasaklarken, diğer yandan Cumartesi yasağını ve dinini terk edip Müslüman olmazlarsa onları öldürüyor.

Dürüst ve her şeyi bilen Tanrı bir gün bu dinler iyi, ertesi gün fikrini değiştirip onlar kötüdür ve takipçileri öldürülmelidir der mi? Kesinlikle hayır. İslam'ın tanrısı bunu yaptı çünkü o gerçek Tanrı ve rehber değildir.

Allah ayrıca Müslümanları İsa hakkında yanlış yönlendirir

Âl-i İmrân Suresi'nin (3) 55. ayeti der ki: Ey İsa! Şüphesiz, senin hayatına ben son vereceğim. Seni kendime yükselteceğim. Seni inkâr edenlerden kurtararak temizleyeceğim. Ama Nisâ Suresi'nin (4) 157. ve 158. ayetlerinde bildiriyor ki Yahudiler İsa'yı çarmıha gerip öldürmediler fakat Tanrı onu kendisine yükseltmiştir. Ayrıca Mâide Suresi'nin (5) 117. ayetinde der ki İsa Tanrı'ya dedi ki: Yahudilerin aralarında bulunduğum sürece onlara şahit idim; ama ne zaman ki benim canımı aldın (Falamma Tavaffaytani), artık üzerlerine gözetleyici yalnız Sen oldun... Ve Meryem Suresi'nin 33. ayeti der ki İsa dedi ki: Doğduğum gün, öleceğim gün ve diriltileceğim gün bana esenlik verilmiştir.

Böylece İslam'ın tanrısının Müslümanları İsa hakkında nasıl yanlış yönlendirdiğini açıkça görüyorsunuz. Bir yandan, İsa öldü diyor, ama diğer yandan İsa ölmedi diyor. Allah'ın rehberliği kafa karıştırıcı ve o güvenilemez.

Allah'ın çelişkili mesajlarına iki tane daha örnek vermeme izin veriniz.

Enbiyâ Suresi'nin (21) 34. ve 35. ayetlerinde Allah Muhammed'e Muhammed'den önce hiçbir insana ölümsüzlük vermediğini söylüyor. Her canlı ölümü tadacaktır... Âl-i İmrân Suresi'nin (3) 185. ayetinde tekrar her canlı ölümü tadacaktır diyor.

Bu ayetlere göre Muhammed'den öncekiler Musa, İsa ve diğerleri dâhil herkes öldü ve Muhammed de ölecektir.

İslam'ın tanrısı ne yaptığını biliyor mu? İsa'nın öldüğünü ve herkesin öleceğini Âl-i İmrân, Meryem, Mâide ve Enbiyâ Surelerinde onaylıyor, ama Nisâ Suresinde İsa'nın ölümünü reddediyor. Bu demektir ki İslam'ın tanrısı ne demek istediğinden ve İsa'ya ne olduğundan gerçekten emin değildir. Ne karışıklık? Gerçek Tanrı'nın kafası karışabilir mi? Kesinlikle hayır.

Ayrıca, İslam'ın tanrısı Muhammed'in öldüğünü ama

İsa'nın yaşadığını ve cennette olduğunu söyler. İsa canlı ve Muhammed ölü! Neden Allah Müslümanlar'dan daimi yaşayan İsa'yı takip etmelerini istemedi ama daimi ölü olan Muhammed'i takip etmelerini istedi?

Kur'an'ın tanrısını yanlış yönlendiren ve doğru takipçilerini cehenneme gönderen biri olarak tanıtmasına ne sebep oldu?

Putperestliğin etkisi

Sadece putperestler tanrılarının böyle şeyler yaptığına inanırlar. Muhammed putları yok etti ama kafasındaki Tanrı resminin, putperest tanrı olduğunun farkında değildi ve ilk olarak bu resmi kendi aklından ve yüreğinden kaldırması gerekti.

Bu açıkladığım etik olmayan şeyler İsa'nın açığa vurduğu Tanrı'nın nitelikleri değildir. Gerçek Tanrı sevecen ve takipçilerine O'nunla cennette olacaklarına dair teminat veren iyi bir rehberdir. Gerçekten İsa'yı takip etmelisiniz.

Değerlendirme Zamanı 7

1. Tanrı'nın en iyi rehber olması gerekir. En iyi rehberin nitelikleri nelerdir?

2. Birisini tarafından yanlış yönlendirilmek nasıl hissettirir? Peki, bir tanrı sizi yanlış yönlendirirse?

3. İslam'ın tanrısı neden iyi bir rehber olamaz?

4. Dünyadaki hayatımızda hakiki ruhani rehberliğe ihtiyacımız var mıdır? Neden?

5. Gerçek Tanrı'yı takip etmiyorsak cennete erişebilir miyiz?

6. İyi rehberi takip etmek ne kadar önemlidir?

İslam Aracılığıyla Tanrı ile Esenlik Sahibi misiniz?

İslam, siz ve Tanrı arasında esenlik kurabilir mi? " Ben yüzde yüz Tanrı'nın tarafındayım, Tanrı'nın cennetine aitim ve gelecekte cehennemi görmeyeceğim" diyebilir misiniz?

Bu gerçek bir inancın sizin için yapabileceği bir şeydir. Ellerinizi Tanrı'nın ellerine koyar ve size ölümden sonraki yaşamınızı garanti eder.

İslam, bu gerçek inanç mıdır?

Şimdiye kadar İslam ellerinizi Tanrı'nın ellerine koyup Tanrı ile ilişkinizin ebedi olduğunu söyleyebildi mi? İslam sayesinde yüreğinizde itimat ve huzur olduğunu ve ebediyetiniz hakkında hiçbir endişeniz olmadığını söyleyebilir misiniz? İslam'ın tarihinde "Şimdi özgürüm, kurtarıldım ve gerçekten Tanrı ile birleştirildim ve O'nunla sonsuza dek beraber olacağım" diyebilen bir Müslüman tanıyor musunuz?

Siz ve ben, Muhammed'in bile Tanrı ile sonsuza dek sürebilecek ve ona ebedi teminat verebilecek olan böyle bir birliğe tanıklık edemediğini biliyoruz. Ölümden sonra ona ne olacağını asla bilemeyeceğini söylemiştir.

Tanrı geçici ve kayıtsız bir birlik ile ilgilenmez. Tanrı mükemmeldir ve mükemmel bir birlik arzu eder. Çünkü sadece mükemmel birlik, Tanrı ile halkı arasında ebedi esenlik yaratabilir; özellikle de peygamberleri olduğunu iddia edenlerle. Bu nedenle, bir peygamber ebediyeti hakkında bir şey bilmediğini söylediğinde, Tanrı ile birlik içinde olmadığı ve Tanrı ile olan gerçek birliğin ve esenliğin ne olduğunu bilmediği anlamına gelir.

İşte bu noktada bir Müslüman iken ruhani hayatım hakkında ölesiye korkuyordum. Kendime İslam'ın peygamberinin en dindar Müslüman olduğunu söyledim. İslam'ın talimatlarını takip etmede ve tanrısına bağlı kalmakta bir numaraydı. Bütün iyi işlerine rağmen, geleceği, cennete gidip gitmeyeceğinin ona bilinmez olduğunu söylemiştir.

Anladım ki İslam'da bir şey yanlış olmalıydı, yoksa Müslümanları korkutan böyle bir belirsizlik olmazdı. İslam Arapça'da "boyun eğmek" demektir. Müslüman "Tanrı'ya boyun eğen" demektir. Bu boyun eğişin Müslümanlarda gelecekleri hakkında güven yaratması gerekmez mi? Kendime "Başkalarını neden İslam'a boyun eğmeleri için çağırayım ve benim gibi belirsizlik içinde olsunlar? Neden İslam'ı takip edip bu belirsizliğin bana günbegün işkence etmesine izin vereyim?" diye sordum. Bu sorular günlük hayatımın bir parçası olmaya başladığı için ne kadar şanslıydım.

Böyle soruları aklınızda sorma şansınız oldu mu ve bu sorulara hiçbir cevap verebildiniz mi? Sizi her türlü belirsizlikten kurtaran, sizi Tanrı ile birleştiren ve yüreğinizde ebedi esenlik yaratan bir yol bulmanız çok önemlidir. Gerçek Tanrı, O'na bu dünyada yaşamınıza girmesine izin vermenizi ve size ebedi güven vermeyi arzu eder. Tanrı'dan olduğunu iddia eden her inanç Tanrı'nın arzusunun yansıması olmalıdır ve sizi O'nunla birleştirebilmelidir.

İslam size geleceğiniz hakkında güven veremedi. Acilen sizi Tanrı ile birleştirebilen ve sizi mükemmel teminata yerleştirebilen farklı bir inancı takip etmeniz gereklidir. İslam'ın putperestlikten farkı yoktur. Putperestler aynı Müslümanlar gibi konuşurlar ve öldükten sonra kendilerine ne olacağını bilmezler. Putperestler de Müslümanlar kadar gelecekleri hakkında korku içindedirler.

İslam'ın tanrısı nasıl bir tanrıdır ki merhametli denildiği halde Müslümanlara geleceklerinin korkusu hakkında yardıma koşmaz? Müslümanlar günde beş defa namaz kılarlar, her yıl bir ay oruç tutarlar ve onlardan istenilen diğer şeyleri yaparlar, ama hala ruhani yolculuklarını cennete yapabilecekler mi yoksa cehennemde mi son bulacakları hakkında dehşet verici korku içindedirler. Merhamet demek sempati, ilgi ve önem demektir. Eğer her gün tanrınıza sizi doğru yola koyması ve korkunuzdan salıvermesi için dua ediyor ve yalvarıyorsanız, neden sizi korkunuzdan özgür bırakıp yüreğinizi neşe ve esenlik ile doldurmuyor? Burada bir şeyler yanlıştır. Ya Tanrı merhametli değildir ya da Müslümanlar doğru yolda değillerdir. Hâlbuki dünyadaki her dindar insan Tanrı'nın merhamet kaynağı olduğuna inanır. Eğer öyleyse, o zaman Tanrı ilgisi için yalvaranlara merhametini ertelemez. Bu nedenle, Tanrı'nın insanlar için olan ilgisini erteleyen İslam dini gerçek din değildir.

Gerçek inancı takip ettiğinizde, Tanrı yüreğinizi güven, esenlik ve neşe ile dolduracaktır. Güven, çünkü Tanrı her şeyi bilen Tanrı'dır ve size geleceğinizi gösterecektir; esenlik çünkü O'nun kollarında, çok güvenli bir yerde olacaksınızdır ve hiçbir şey sizi O'nun sevgisinden ve ilgisinden ayıramayacaktır; neşe, çünkü korkunun üstesinden sonsuza dek geleceksinizdir.

İslam'da bunların hiç birine sahip değilsiniz. Çocukluktan şimdiye kadar duyduğunuz tek şey İslam'ın en son ve mükemmel din ve Tanrı'nın Müslümanlar ile olduğudur. Bu iddialara İslam'da hiçbir mantıklı neden yoktur.

Tanrı'nın sizinle olduğunu ama ebediyetiniz hakkında emin olmadığınızı söylediğinizde, İslam'ın sizi geleceğiniz hakkında ümitsiz bıraktığını görürsünüz. Ümitsizliğin olduğu bir din mükemmeldir denilemez. Çünkü Tanrı ile olmak demek, cehenneme gitme korkusundan özgür olduğunuz ve bu dünyada Tanrı ile olduğunuz gibi, öldükten sonra cennette Tanrı ile olacağınızdan yüzde yüz eminsiniz demektir. Tanrı hem bu dünyanın hem öbür dünyanın teminatının Tanrı'sıdır. O şimdi sizinleyken, her iki dünyada O'nunla olduğunuza teminat verir. Eğer İslam'ın tanrısı yahut her hangi bir tanrı size ölümden sonra için teminat vermiyorsa, o gerçek Tanrı olamaz.

İslam'ın mesajı kendisiyle çelişmektedir. Müslümanların bu dünyada Tanrı ile beraber olduğunu söylemektedir, ama yaşam sonrası onların Tanrı ile olup olmayacakları yahut cehenneme gidecekleri belirsizdir.

Bu dünyadaki Tanrı ile olan birlik ve esenlik, ölümden sonraki yaşamda Tanrı ile olan ebedi birliğe ve esenliğe yönlendirmelidir ve insanlara eksiksiz güven vermelidir. İşte burada İslam ve Mesih'e iman arasındaki büyük fark kendisini gösterir. İsa Mesih'in Müjde'si eğer şimdi Tanrı ile berabersiniz, O'nunla ebediyen beraber olacaksınız, der. Ama Kur'an der ki, eğer şimdi Tanrı ile berabersiniz, yaşam sonrası Tanrı ile olup olmayacağınız veya cehenneme gidip gitmeyeceğiniz belli değildir.

Tanrı ile birliğin Müjde'de gerçek birlik olduğunu görüyorsunuz. Siz ile Tanrı arasında öyle bir dostluk kurar ki bu ebediyete kadar devam eder. Gerçek dostluk derin, uzun ve güven dolu olmalıdır. İslam'ın tanrısıyla olan dostluk derin değildir. Güveni, barışı ve esenliği yok eden korkudur.

Böylece İslam'da Tanrı'ya olan boyun eğmenin gerçek olmadığını ama sahte olduğunu görebiliriz. Gerçek boyun eğme olsaydı, Müslümanlarda yaşamdan sonrası hakkında belirsizlik ve korku yaratmaz; aksine Tanrı ile olmak için onlara ebedi teminat verirdi.

İsa Mesih'in Müjdesi'ne göre, eğer Tanrı'ya boyun eğdiyseniz ve dünyada O'nunla birleştiyseniz, O sizinle olan antlaşmasını asla inkâr etmez aksine sonsuza dek korur ve yüreğinizi güven ile doldurur. Bu nedenle, dünyadaki yaşamlarımızdaki Tanrı ile olan birlik, bizleri Tanrı ile ebediyen beraber olmamız için cennete götürür.

Yani, biri size İslam aracılığıyla Tanrı ile barış sahibi olup olmadığınızı sorduğunda, İslam'ın geleceğiniz hakkında teminat vermediğinden, gerçek cevabınız "hayır" olmalıdır. O zaman acele etmeli ve bu kişiden Tanrı ile barışmanız ve geleceğiniz hakkında korkunuzdan kurtarılmanız için ne yapmanız gerektiği hakkında tavsiye vermesini istemelisiniz. Eğer bu kişi İsa Mesih'in takipçisiyse, onda cennetin ışığını göreceksinizdir. Yaşamınızın her yönüyle Tanrı'yla nasıl gerçekten birleşmeyi ve O'nunla barış sahibi olmayı öğreneceksinizdir. Ayrıca başkalarıyla nasıl barış içerisinde olmayı da öğreneceksinizdir.

Tanrı esenliğin kaynağıdır. Esenliğin kaynağı ile olan birlik yaşamınıza da esenlik getirecektir. O zaman huzurlu, barış sağlayan biri olacak ve başkalarıyla da barış sahibi olacaksınızdır. Diğer bir deyişle, Tanrı ile barış sahibi değilseniz, insanlarla, ister ailenizde yahut aile dışında, hakiki barış sahibi olamazsınız. Tanrı ile birleşip barıştığınızda, O'nun merhameti başkalarıyla olan ilişkilerinizde faktör motive olur; böylece nefret eden yerine barış sağlayan olursunuz. "Eğer ben hala günahkârken Tanrı bana merhametliyse, ben de benim gibi olan diğerlerine de merhametli olmak için elimden gelenin en iyisini yapmaya çalışmalıyım" diyebilirsiniz.

Bu merhametli, sevecen ve barış sağlayan tutumlar İsa Mesih'in imanına aittir, Muhammed'in İslamı'na değil. İsa asla nefret etmez, küfür etmez, günahkârları öldürmez; ama her zaman onlara iyilikle yaklaşır ve nefret yerine iyiliğin etkili olmasına izin verir. İsa Mesih için, sevgi, iyilik ve barış insanları tümüyle değiştirir, nefret ve düşmanlık değil. İsa Mesih'in Müjde'sinin tümünde günahkârlara ve karşıt görüşteki insanlara karşı nefret öğreten tek bir ayet yoktur. Müjde asla takipçilerine diğerlerini öldürmeyi emretmez.

İsa beni ve milyonlarca diğer insanı sadece inanılmaz sevgisi ve iyiliği ile değiştirdi. Nefretin yalnızca başkalarının hayatlarını hedef almadığını ama ayrıca kendi yaşamlarımızda ve ailelerimizde huzurun bozulmasını hedef aldığını da görmemiz için gözlerimizi açtı.

Böylece, Tanrı ile olan gerçek birliğin ve barışın bizleri nasıl huzurlu yaptığını ve diğerleriyle sevgi ve iyilik ile birleşmemiz ve onlarla barış içinde yaşayabilmemiz için yol açtığını görebiliriz. Ayrıca İslam'ın neden barış sağlamadığını şimdi anlayabiliriz de; çünkü İslam'daki haşinlik iyilikten ve affetmekten daha güçlüdür.

Size vurgulamak istediğim bu; Tanrı ile barış sahibi olmanıza şimdi ihtiyacınız var ve bu sadece İsa Mesih aracılığıyla mümkündür. Ayrıca aileleriniz ve diğerleriyle huzura ihtiyacınız vardır. Bu da sadece İsa Mesih ile mümkündür.

Tanrı ile ailenizde ve diğerleriyle olan ilişkilerinizde barış sahibi olmaya hevesli misiniz? Ciddi iseniz, vicdanınızın sizinle paylaştığım kanıtlı noktaları göz önünde bulundurması için harekete geçmelisiniz.

Gerçek barış Esenlik Önderinin liderliği olmadan mümkün olamaz

Esenlik Önderi kimdir? Esenlik Önderinin kim olması gerektiğini düşünüyorsunuz?

Tanrı'nın yüreğine sahiptir

Esenlik Önderi Tanrı'nın yüreğine sahip biri olmalıdır ki insanlara Tanrı'nın yaklaştığı şekilde yaklaşabilsin.

Başkalarının haklarına saygı duyar

Esenlik Önderi ayrımcılık yapmaz ama herkesin, dost olup olmadığına bakmadan, hak sahibi olduğuna inanır, çünkü Tanrı herkesi seçim özgürlüğü ile yaratmıştır.

Cömerttir

Tanrı çok cömert olduğu ve herkes için dünyayı yarattığı gibi, herkes için yağmur gönderdiği gibi, Esenlik Önderi de Tanrı gibi cömert olmalıdır ki cömertliğiyle düşmanlarının yüreklerini kazanabilsin.

Asla savaşa koşmaz

Ayrıca, amacı insanlar arasında barış kurmak için onları bilgi ve anlayış ile birbirlerine getirmek olduğundan Esenlik Önderi asla savaşa koşmaz.

Şimdi, bir Hristiyandan Müjde ödünç alırsanız, onu okuyup Kur'an ile karşılaştırırsanız, Esenlik Önderi'nin İsa olduğunu anlayacaksınızdır.

İsa Mesih'in doğumundan yedi yüz yıl önce, Peygamber Yeşaya O'nun hakkında şöyle peygamberlik sözünde bulundu: Çünkü bize bir çocuk doğacak, bize bir oğul verilecek. Yönetim onun omuzlarında olacak. Onun adı Harika Öğütçü, Güçlü Tanrı, Ebedi Baba, Esenlik Önderi olacak. İsa Mesih'in doğumuyla bu peygamberlik sözü yerine geldi: Müjde'nin Koloseliler kitabının 1. kısmının 19. ve 20. ayetleri der ki yerdeki ve gökteki her şey Tanrı ile barıştırılması için bütün doluluk İsa Mesih'te bulundu.

İsa Mesih Esenlik Önderi'dir. Herkesi cennete ve birbirine barıştırabilir. Tanrı ile birleşebilmek ve O'nunla ebedi esenliğe sahip olmak için İsa'yı takip ediniz.

Değerlendirme zamanı 8

1. Tanrı ile barış sahibi olmak ne demektir?

2. Tanrı ile barış sahip olmamız nasıl önemlidir ve sosyal yaşamlarımızı ne yönlerde etkiler?

3. Tanrı esenlik kurulumunda ne rol oynar?

4. İnancımız bizleri Tanrı ile birleştirmiyorsa ne yapmamız gerekir?

5. Mesih'e güvenmenin sizi Tanrı ile birleştirdiğine bir neden var mıdır? Evet, ise, ne yapmanız gereklidir?

Kur'an Gerçek Tanrı'nın Sözü müdür?

Bir Kitabın Tanrı'dan Olup Olmadığını Nasıl Biliriz?

O kitaptaki sözlerin gerçek Tanrı'nın nitelikleriyle uyuşup uyuşmadığını bulmamız gerekir. O kitabın sözlerini her açıdan değerlendirmemiz gerekir. Kur'an'ın sözleriyle de yapacağımız budur; titiz bir değerlendirme ki böylece eğitimli eğitimsiz herkes Kur'an'ın gerçek Tanrı'dan olamayacağını anlayabilecektir.

İslam'ın tanrısı sözcükleri söyler mi?

İlk değerlendirme Kur'an'ın tanrısının sözcükleri söyleyebilir mi söyleyemez mi görmek içindir. Eğer söyleyemezse o zaman kimse Kur'an'ın Tanrı'dan olduğunu kanıtlayamaz.

Sadece kişisel Tanrı, kişisel varlıklar olarak insanlığa dair kişisel sözcüklere sahip olabilir. İslam'ın tanrısı ilişkisel ve kişisel olmayan tanrıdır, bu nedenle bireylerle kişisel ilişki kurmak için kişisel ve ilişkisel sözcüklere sahip olamaz. Bu demektir ki Muhammed'in tanrısı, Musa'nın ve diğer peygamberlerin Tanrı'sının aksine, onunla kişisel iletişime sahip olamazdı ve o tanrısından hiçbir zaman bir ses veya bir sözcük duymamıştır. Kur'an bu nedenle Tanrı'dan olamaz.

Kutsal Kitap Tanrı'nın Sözü 'dür. Neden? Çünkü Kutsal Kitap'ın Tanrısı kişisel ve ilişkiseldir ve Kendisini sözcüklerle direkt olarak halkına ifade eder. Tanrı Musa ve diğer Kutsal Kitap'taki peygamberlerle kişisel olarak konuşmuştur ve Tanrı'nın sözlerini O'ndan kişisel olarak ve kendi kulaklarıyla duymuşlardır. Bu peygamberlerin Tanrı ile olan kişisel tecrübeleri Kutsal Kitap ve insanların hayatına ışık olarak bir araya toplanmıştır. Sonuç olarak, gerçek Tanrı Kendisini sözcüklerle ifade etmesi ve kitaba sahip olması için kişisel olmalıdır. İslam'ın tanrısı kişisel ve ilişkisel değildir ve bu nedenle kitaba sahip olamaz. Kur'an gerçek Tanrı'dan olamaz.

İslam'ın tanrısı teminat verir mi?

İkinci değerlendirme Kur'an'ın tanrısının kurtuluş teminatı verip vermediğini görmek içindir. Eğer vermiyorsa, o zaman Kur'an gerçek Tanrı'dan olamaz.

Kur'an Lokmân (31) ve Ahkâf (46) Surelerinde kimsenin gelecekte ona ne olacağını bilmediğini açıkça söyler. Kur'an yalnızca böyle bir teminatı sağlamamakla birlikte Meryem Suresi'nde (19) bütün doğru Müslümanların ilk önce cehenneme yargı için gönderileceğini bildirir.

Yaşayan Tanrı'nın sözü halkına ebedi hayat vermelidir, onları tamamen cehennemden uzak tutmalıdır; Kur'an kendi takipçilerini cehennemden uzak tutamadığına göre, Kur'an Tanrı'nın Sözü olamaz.

Gerçek Tanrı, takipçilerini kısa süreliğine bile olsa cehenneme yollar mı? Katiyen. Kur'an bunu bildirir, çünkü gerçek Tanrı'nın sözü değildir.

Gerçek Tanrı'nın kitabı ve sözleri, Tanrı ile takipçileri arasında ebedi bir ilişki kurabilmelidir, ama Kur'an böyle bir otoriteye sahip değildir.

Gerçek Tanrı'nın kitabı size, Tanrı ile şimdi birleştiniz ve sonsuza dek kurtarıldınız; Şeytan ve cehennem ile olan ilişkiniz ebediyen iptal edildi; öldükten sonra direkt olarak Tanrı ile ebedi beraberlik için cennete alınacağınızın teminatını verir.

Kur'an İslam'ın en üstün lideri olan ve Allah tarafından en sevilen Muhammed'e bile geleceği hakkında huzur ve teminat verememiştir. Bu yüzden, kurtuluşuna güveni olmadan ölmüştür. Gerçek Tanrı en sevdiğini hayal kırıklığına uğratır mı? Kesinlikle hayır. Problem Tanrı ile değil; Kur'an iledir. Kur'an Tanrı'dan olamaz.

Kur'an ahlaklı bir Tanrı tanıtır mı?

Üçüncü değerlendirme Kur'an'ın tanrısının ahlaklı olup olmadığını görmek içindir.

Kur'an Tanrı'nın tuzak kuran olduğunu söyler. Âl-i İmrân Suresi (3) 54. ve Enfâl Suresi (8) 30. ayetleri Tanrı'nın saptıranların en hayırlısı olduğunu; Yûnus Suresi (10) 21. ayeti Tanrı'nın saptırmada çabuk olduğunu ve A'râf Suresi (7) 99. ayeti kimsenin Allah'ın saptırışından emin olamaz der.

Gerçekten mi? Gerçek Tanrı'ya saptıran diye hitap ederek Kur'an doğru mudur? Kesinlikle hayır. Kutsal, doğru ve iyi Tanrı asla saptıran olamaz. Kur'an Tanrı'yı saptıran olarak tanımlayarak temel bir probleme sahiptir; Kur'an gerçek Tanrı'dan olamaz.

Kur'an Tanrı'nın komplocu olduğunu söyler. İsrâ Suresi'nin (17) 16. ayeti der ki Tanrı insanların ahlaksız şeyler yapmasına ilham verir ki o zaman onları yok etmeye sebebi olabilsin.

İyi, sevecen ve merhametli Tanrı gerçekten de Kendi doğasına sadakatsiz olup Şeytan gibi davranır mı? Aman Tanrım! Kur'an'ın böyle yorumları gerçek Tanrı'nın sözü olamayacağına açık kanıttır.

Kur'an Tanrı'nın O'na karşı gelenleri ele geçirmek için yalan söylediğini söyler. A'râf Suresi'nin (7) 182. ve 183. ayetleri ve ayrıca Kalem Suresi'nin (68) 44. ve 45. ayetleri der ki: Artık beni ve bu sözü yalanlayanları baş başa bırak. Biz onları bilmeyecekleri bir yerden derece derece azaba yaklaştıracağız. Ben onlara süre tanıyorum. Düzenim elbette sapasağlamdır (Nobel Kur'an) (kaydi).

Neden o zaman Kendi prensibinin tersine hareket ediyor ve seçim özgürlüğüne karşı savaşıyor? Elbette, Yaratıcı Kendi yarattıklarına verdiği seçim özgürlüğünden korkmaz.

Dostlar, bir milyardan fazla Müslüman'ın, gerçek Tanrı'ya karşı konuştuğunu bilmeden, bu Kur'an'ı takip etmesi çok üzücüdür. Kudretli Tanrı'nın Kendine karşı gelenleri yok etmek için tuzaklara ve yalanlara ihtiyacı olur mu? O çok mu aciz ki yalanlar ve tuzaklar kullanmak yerine gerçeği konuşarak onlara yaklaşamasın? Kur'an'ın Yüce Tanrı'yı biz günahkârların seviyesine indirmesi şok edicidir. Buna karşın, Tanrı insanlara kabul etmek veya karşı gelmek üzere seçim özgürlüğü vermiştir.

Kur'an Tanrı'nın Şeytan'ı yoldan çıkarıcı olarak atadığını söyler. A'râf Suresi'nin (7) 16. ayeti der ki Allah Şeytan'ı azdırdı ki insanları saptırsın. Merhametli Tanrı'nın, insanlığı incitmek üzere berbat bir düşmanı ayarladığına inanılır mı? Sevecen anne veya baba evladını yok etmesi için düşman kiraladığına inanır mısınız?

Duam ve ümidim Mesih'in Müjdesini ve tüm Kutsal Kitap'ı, merhametli Tanrı'nın ne Şeytan'ı ayarttığını ne de insanları yok etmek için kötü şeyler planlayan bir fırsatçı olduğunu anlamanız için okumanızdır. Böyle kötü ve üzücü işleri Tanrı'ya atfederek, Kur'an gerçek Tanrı'nın sözü olamaz.

Kur'an der ki Allah planladı ki kötü olanlar Muhammed'i incitsin. En'âm Suresi'nin (6) 112. ayeti der ki: İşte böylece biz her Peygambere insan ve cin şeytanlarını düşman kıldık. Bunlar aldatmak için birbirlerine yaldızlı laflar fısıldarlar. Rabbin dileseydi bunu yapamazlardı. O halde onları iftiralarıyla baş başa bırak.

Gerçek bir Tanrı sevgili peygamberini incitmek için şeytanlarla işbirliğine girmez. Gerçek Tanrı kötü olanlardan kurtarır. Kur'an cinlerle işbirliğini Tanrı'ya atfettiğine göre, gerçek Tanrı'dan olamaz.

Kur'an der ki Allah İslam'ı yaymak üzere şeytanları kullanır. Bir yandan Kur'an A'râf Suresi'nin (7) 27. ayetinde diyor ki: Şüphesiz biz şeytanları, iman etmeyenlerin dostları kılmışızdır. Diğer yandan, cinleri peygamberi Muhammed'i incitmek üzere kullandığını gördük. Şimdi, Cin Suresi'nin (72) 1. ve 2. ayetleri der ki: Ey Muhammed! De ki: "Bana cinlerden bir topluluğun (Kur'an'ı) dinleyip şöyle dedikleri vahyedildi: "Şüphesiz biz doğruya ileten hayranlık verici bir Kur'an dinledik de ona inandık. Artık Rabbimize hiç kimseyi asla ortak koşmayacağız."

İslam'ın tanrısı şeytanları, sapık varlıklar olarak İblis'i takip etmeleri, putperestlerle ve gayrimüslimlerle dost olmaları ve ayrıca Muhammed'i incitmek için yaratmıştır; ama sonra şeytanları gayrimüslimlerle olan dostluklarını terk edip İslam'ı yaymak için kendi takipçileriyle dost olmalarına yönlendiriyor.

Bu tanrının kafası karışık mıdır? Bu tanrı kimin dostudur? Hakiki Tanrı gerçekten de şeytanların Kendi samimi takipçileri olmalarını kabul eder mi? Gerçek Tanrı sözünü yaymak için şeytanlar kullanır mı? Böyle acayip öğretilerle, Kur'an gerçek Tanrı'nın kitabı olamaz.

Kur'an ayrıca günahın yaratılışını Tanrı'ya atfeder. Şems Suresi'nin (91) 7. ve 8. ayetleri Tanrı'nın insanoğlunda günaha ilham ettiğini söyler. Beled Suresi'nin (90) 4. ayeti Tanrı'nın insanı sıkıntı ve zorluk içinde yarattığını söyler. Nisâ Suresi'nin (4) 88. ayeti; A'râf Suresi'nin (7) 178. ayeti ve İbrâhîm Suresi'nin (14) 4. ayetlerinin hepsi Tanrı'nın saptırdığını söyler.

Kur'an Tanrı'yı ahlaksız ve kanunsuz eylemlere ön ayak olan ve insanları saptırıp günahkâr yapan olarak tanıtır. Tanrı'yı yüreği ve aklı günah peşinde olan bir kişi gibi tanıtır. Tanrı insanoğlu gibi değildir. O günahtan ve yanıltıcı eylemlerden nefret eder. Kur'an'ın sözleri sadece Tanrı'dan olmamakla birlikte Tanrı'ya da yöneltmez.

Kur'an'ın tanrı'sı eşit hakka inanır mı?

Dördüncü değerlendirme Kur'an'ın tanrısının tüm insanların eşit olup olmadığına inandığını görmek içindir.

Kur'an, Tanrı'ya ayrımcılığı atfetmektedir. Kur'an Bakara Suresi'nin (2) 65. ayetinde, Mâide Suresi'nin (5) 60. ayetinde, Enfâl Suresi'nin (8) 55. ayetinde ve A'râf Suresi'nin 175'ten 177'ye olan ayetlerinde ve Tevbe Suresi'nin (9) 28. ayetinde gayrimüslimlerin pis ve hayvan olduklarını söyler, ama Âl-i İmrân

Suresi'nde sadece Müslümanların insan, iyi ve temiz olduklarını söyler.

Kur'an'ın bu iddiası ne öğretisel ve ruhani olarak ne de sosyal ve ahlaki olarak doğru olabilir. Neden? Öğretisel ve ruhani çünkü Kur'an'ın kendisi Müslümanların diğer herkes gibi günahkâr olduklarını söyler. Müslümanları diğerlerinden daha iyi yapan ruhani sebep burada ne kalır? Hiçbir şey. Sosyal ve ahlaki olarak bu iddia tanrısız ve asılsızdır. Her biri aynı Tanrı tarafından yaratılan bir Müslüman, bir Hristiyan, bir Yahudi, bir Hindu ve diğerlerini yan yana koyup nasıl bu insandır ama diğerleri hayvandır diyebilirsiniz? Onları yaratan Tanrı bilir ki hepsi insanoğludur, hâlbuki Kur'an bu gerçeği tanımamakta ve onlara hayvan demektedir. Kur'an'ın, Tanrı'nın yüreğini yansıtmadığını görüyorsunuz ve bu nedenle Kur'an Tanrı'dan olamaz.

Kur'an'ın tanrısı seçim özgürlüğüne saygı duyar mı?

Beşinci değerlendirme Kur'an'ın tanrısının Seçim özgürlüğüne saygı duyup duymadığını görmek içindir.

Kur'an, Tanrı'yı O'na karşıt olanların ve Hristiyanların kanına susamış biri olarak tanıtır. Kur'an'ın yarısından çoğu, Muhammed'in Hayat Biyografisinin yarısından çoğu ve Hadislerin büyük kısmı İslam'a katılmaya isteksizliklerinden dolayı gayrimüslimlerden nefret etme ve saldırma ve kanlarını dökme ile alakalıdır. İslam'ın peygamberi ve kurucusu hayatının yarısından çoğunu ona karşıt olanlara ve gayrimüslimlere saldırmakla geçirdiğinde, onun takipçilerinin onlara karşıt olanlara ve gayrimüslimlere ne yapmasını beklersiniz? İslami hükümet altında gayrimüslimler ne tür hayatlara sahip olacaklardır?

Kur'an ve diğer İslami kaynaklar, bizlere onların özgürlüğe veya huzurlu yaşamlara sahip olmamalarını belirtmektedir (Sureler 8:39; 48:29; 17:16). Güç ve kılıç kullanma, içten bağlılık ve boyun eğme yaratamaz.

Böyle tavırları gerçek ve mantıklı Tanrı'ya atfetmek mümkün olabilir mi? Hayır. Kur'an, Tanrı hakkında doğru değildir.

Kur'an, Tanrı'nın inancını dayattığını söyler. Nisâ Suresi'nin (4) 89. ayeti ve Nahl Suresi'nin (16) 106. ayetinden anlıyoruz ki Müslümanların Tanrı vergisi seçim özgürlüğünü kullanmalarına, İslam'ı terk edip istedikleri inancı takip etmelerine izin verilmez. Bakara Suresi'nin (2) 217. ayetinden anlıyoruz ki Müslümanların gayrimüslimleri dinlerine davet etmeye ve İslam'ı kabul etmeye zorlamalarında sınırsız özgürlük sahibi olduklarını, ama gayrimüslimler Müslümanları kendi dinlerine davet ederse, bu onlar için öldürülmekten daha kötü olacaktır.

Yani, Müslümanlar İslam'ı yaymak için sınırsız özgürlüğe sahipken; gayrimüslimler yayamazlar, ama eğer yayarlarsa, öldürüleceklerdir. Böyle bir tek yönlü özgürlük fırsatçı, ayrımcı ve zalimdir ve gerçek

Tanrı'dan olamaz. Kur'an böyle öğretilerle gerçek Tanrı'dan olamaz.

Kur'an aile için iyi bir plana sahip midir?

Altıncı değerlendirme Kur'an'ın aile için iyi bir planı olup olmadığını görmek içindir.

Kur'an çocukları ebeveynlerine ve akrabalarına saygısızlık etmeleri için teşvik eder. Tevbe Suresi'nin (9) 23. ayeti olgunlaşmamış çocuklardan ister ki: Ey iman edenler! Eğer küfrü imana tercih ederlerse, babalarınızı ve kardeşlerinizi bile dost edinmeyin. İçinizden kim onları dost edinirse, işte onlar, zalimlerin ta kendileridir.

Kur'an sadece çocukların ebeveynlerine başkaldırmalarına teşvik etmekle kalmaz, ama ayrıca onları gayrimüslim akrabalarını öldürmeye de teşvik eder. Tevbe Suresi'nin (9) 123. ayeti der ki: Ey iman edenler! Kâfirlerden (öncelikle) yakınınızda olanlarla savaşın ve sizde bir sertlik bulsunlar. Bilin ki Allah kendisine karşı gelmekten sakınanlarla beraberdir.

Dostlar, ebeveynlere saygısızlık ve akrabaların ve diğerlerinin inanç uğruna öldürülmesi gerçek Tanrı için geçersizdir. Kur'an bu yorumlara dayanarak Tanrı'dan olamaz.

Kur'an tahrife karşı dayanıklı mıdır?

Yedinci değerlendirme Kur'an'ın tahrif edilip

edilmediğini görmek içindir.

Kur'an, Müslümanların onu değiştirdiğini söylemektedir. Bakara Suresi'nin (2) 106. ayeti der ki: Biz herhangi bir ayetin hükmünü yürürlükten kaldırır veya onu unutturur (ya da ertelersek), yerine daha hayırlısını veya mislini getiririz. Allah'ın gücünün her şeye hakkıyla yettiğini bilmez misin? Nahl Suresi'nin (16) 101. ayeti der ki: Biz bir ayeti değiştirip yerine başka bir ayet getirdiğimiz zaman -ki Allah neyi indireceğini gayet iyi bilir- onlar Peygamber'e, "Sen ancak uyduruyorsun" derler. Hayır, onların çoğu bilmezler.

Bunlardan ve Kuran'daki benzer ayetlerden Muhammed'in siyasi gücü arttıkça, Kur'an'ın önceki ayetlerinin beğenmediklerinden bazılarının yerine beğendiklerini getirdiğini anlıyoruz. Eylemlerini doğrulamak için insanlara, Tanrı'nın bu ayetleri artık geçerlilikleri olmadıkları için iptal ettiğini ve daha iyi ayetler esinlendiğini söylemiştir. Enteresan! Tanrı mükemmel Tanrı olduğu için her söylediği ayet mükemmel olduğuna göre; Tanrı'nın önceki ayetten daha iyi bir ayeti olduğunu söylemesi gerçekten mümkün müdür? Tanrı ebediyette onun bazı ayetlerinin değiştirilmesi gerektiğinin farkında değil miydi ve böylece o ayetleri düzeltip mükemmel olmayan Kur'an'ın Muhammed'in ellerine düşmesine izin vermezdi?

Orijinal sözleri kaldırdığından dolayı insanlar Muhammed'den şüphelendiler ve onu eleştirdiler ve sonra eleştirilerinden dolayı öldürüldüler. Eleştirilerden ve katliamdan sakınmak için en başından mükemmel ve son sözü vermemek nedendir? Gerçek Tanrı insanların kafasını böyle karıştırıp birbirlerine düşman eder mi? Böylece Kur'an'ın bazı ayetlerinin daha iyi olanlarla değiştirilerek geçersiz kılındığının doğruladığını görüyorsunuz. Kur'an gerçek Tanrı'dan olsaydı ayetlerinin geçersiz olduğunu asla belirtmezdi.

Hadisler de Kur'an'ın düzeltildiğini ve eksik olduğunu söyler

Muhammed'in zamanında ve ölümünden sonra, Kur'an'ın bazı bölümleri birbirinden farklı olan 8 tane kopyası vardı. Muhammed hangisinin doğru olduğundan emin değildi ama damadının, Ali'nin elindekinin doğru olduğunu tahmin etti. Muhammed'in ölümünden sonra, haleflerinin arasındaki bölünme Muhammed'in arzu ettiği versiyonunun onaylaması için yolunu bloke etmekle kalmadı ayrıca başta olan lideri, Osman'ı, birçok ayeti kayıp olan şimdiki Kur'an'ı onaylamasına zorladı.

Salim-ibn-Gheys (90 Hijra) Muhammed'in Ailesi'nin Gizemi adlı kitabında, şu anki Kur'an'da birçok ayetin kayıp olduğunu söyler. Çoğu ayetin bir koyun (veya bir keçi) tarafından yenildiğini; Nûr Suresi'nin (24), Ahzâb Suresi'nin (33) ve Hucurât Suresi'nin (49) bazı ayetlerinin kayıp olduğunu söyler.

Eğer Kur'an'ın kendisi ve eski İslam kitapları tek bir sesle Kur'an'ın değiştirildiğini, tahrif edildiğini ve birçok ayetinin kayıp olduğunu söylüyorsa, Kur'an'ın nasıl mükemmel kitap ve Tanrı'dan olduğu söylenilebilir?

Kutsal Kitap değiştirildiğini iddia etmez. Hicr Suresi'nin (15) 91. ayeti Kur'an'ın değiştirilip tahrif edildiğini söyler. Kutsal Kitap'ın hiçbir yerinde değiştirildiğini veya uydurulduğunu söylemez.

Müslüman liderler ve din adamları Kur'an'ın değiştirildiğini veya birçok ayetlerinin kaybolduğunu asla öğretmezler, ama Hristiyanların ve Yahudilerin kitaplarının değiştirildiklerine dair kolayca yalan söylerler. Kur'an'ın kendi ayetleri tahrif edildiğini söylüyor. Bu tahrif edilmiş kitap nasıl Tanrı'dan olabilir?

Kur'an Enâm Suresi'nin (6) 34. ve 115. ayetlerinde, Yûnus Suresi'nin (10) 64. ayetinde: Tanrı'nın kelimelerini değiştirebilecek yoktur; Hicr Suresi'nin (15) 9. ayeti: çünkü onu Tanrı korur, der. Şimdi, Kur'an'ın değiştirildiğini anlıyoruz. Bu nedenle, eğer Tanrı'nın sözü olsaydı, kimse onu değiştiremezdi.

Kutsal Kitap ve Mesih'in Müjdesi Kur'an'ın sahip olduğu problemlere karşı dayanıklıdır. Kutsal Kitap'ın Tanrısı takipçilerini günaha, Şeytan'a veya kötü olanlara tutsak etmez, aksine onları kurtarır.

Değerlendirme Zamanı 9

1. Dünyada birçok din vardır ve her birinin takipçileri kendi dinlerinin Tanrı'dan olduğunu iddia eder. Değerlendirip bir dinin Tanrı'dan olup olmadığını görebilme becerisine sahip miyiz?

2. Bazı Müslümanlar Kur'an'ın Tanrı'dan olduğunu söyler çünkü milyarlarca insan onun Tanrı'dan olduğuna inanır. Siz ne düşünüyorsunuz? Kutsallık ve tanrısızlık nicelik ile mi yoksa nitelik ile mi ölçülür?

3. Kur'an'ın gerçek Tanrı'dan olamayacağını kanıtlamak için bir aracımız var mı?

4. Tanrı'nın gerçek sözünü keşfedip, bu sözlerle yaşama sorumluluğumuz var mı?

5. Tanrı'nın sizi gerçeği keşfetmenize ve diğerlerinin de gerçeği keşfetmelerine yardım etmenize rehber olmaya hazır olduğuna inanıyorsanız, dua etmek için şimdi zaman ayırınız.

İslam Gerçekten de Son ve Mükemmel Din midir?

İslami liderler ve din adamları Müslümanlara İslam'ın en son ve mükemmel din olduğunu söylemişlerdir. Bu gerçekten doğru mudur? İddiaları için hiçbir mantıksal, öğretisel, felsefi, ruhani veya sosyal nedenleri var mıdır? İslam'da mükemmel ne demektir? Bu, İslam'ın yaşamın sorularını diğer bütün dinlerden daha iyi yanıtladığı anlamına mı gelmektedir? Diğer dinlerin İslam'dan önce sahip olmadıkları ne gibi yeni mükemmel şeyler getirdi ki İslam, onlar yüzünden mükemmellik iddia edebilmiştir?

Bir Müslüman olarak, hiç bu soru hakkında düşündünüz mü ve buna bir yanıt bulabildiniz mi? Biliyorsunuz ki her birimiz kişisel güvene sahip olmak veya aile fertlerimize ve başkalarına duruşumuzda açık olmak istiyorsak, iddialarımızın sebeplerini keşfetmek için sorumluyuz.

Size sebeplerimi açıklamadan önce kısaca giriş kısmında İslam'ın yalnızca iyi yeni şeyler getirmediğini, ama İbrahim, Musa ve İsa'dan olan iyi eski değerleri ayaklar altına aldığını söyleyeyim. İslam'ın mükemmellik için olan iddiası propagandadan başka bir şey değildir.

İslam mantıksız şeyleri Tanrı'ya atfeder

İslam'ın mükemmel din olamayacağının ilk nedeni mantıksız şeyleri Tanrı'ya yormasındandır. İslam Tanrı'yı nasıl tanıtır?

Haşr Suresi'nin (59) 23. ve 24. ayetlerinde der ki Tanrı kutsaldır, huzurludur, görkemlidir ve hikmetlidir. Ama Âl-i İmrân Suresi'nin (3) 54. ayeti ve Enfâl Suresi'nin (8) 30. ayeti Tanrı'nın saptıranların en hayırlısı olduğu söyler. Bakara Suresi'nin (2) 225. ayetinde ve Âl-i İmrân Suresi'nin (3) 28. ayetinde ve Nahl Suresi'nin (16) 106. ayetlerinin tümünde Tanrı'nın bazı durumlarda yalan söylemeye tasdik ettiğini söyler.

Bu ayetler arasındaki büyük çelişkiyi görebiliyor musunuz? Bir yanda, Tanrı kutsal, huzurlu, görkemli ve hikmetli deniliyor, ama diğer yandan saptıranların en hayırlısı deniliyor. Bir tanrı doğasında nasıl kutsal, huzurlu, görkemli ve hikmetli ve aynı zamanda saptıran olabilir? Saptıran bir tanrı için görkemli ve hikmetli denilebilir mi?

Tanrı kutsaldır denir çünkü aldatıcılıktan nefret eder ve asla aldatmaz. Mükemmel bir Tanrı aldatmayı ve yalan söylemeyi tasdik etmez. Ve mükemmel bir din asla Tanrı'ya saptıran ve yalancı demez. Eğer Tanrı'ya saptıran derseniz, bu onun mükemmel olmadığı anlamına gelir. Mükemmel olmayan bir tanrının dini nasıl mükemmeldir denilebilir?

Bir adam aldatıcılık ve yalancılık öğretirse, ona mükemmel der misiniz? Onun inancına mükemmel inanç der misiniz? Demezsiniz. İslam ile de aynıdır. İslam Tanrı'ya aldatıcı ve yalancı dediğine göre, o mükemmel bir din olamaz.

İslam'ın yaşamın sorusuna karşılık mükemmel cevabı yoktur

İslam'ın mükemmel din olamayacağının ikinci nedeni yaşamın sorularına diğer dinlerden daha mükemmel bir yanıtı olmadığındandır.

İslam'ın dünyadaki yaşam, yargı günü ve yaşam sonrası hakkındaki görüşü kurtuluş için insanların işlerine odaklanan diğer dinlerden daha iyi değildir. O zaman niçin İslam diğerlerinden daha mükemmel denilmektedir? İslam'dan önceki bütün dinler gibi İslam da Müslümanlara dünyadaki yaşamın iyi ile kötü arasında olan savaş alanı olduğunu ve kurtuluşun bu dünyadaki iyi işlerle sürekli temizlenmeye dayalı olduğunu öğretmiştir. Yargı günü ve yaşam sonrası hayat hakkındaki öğretiler de aşağı yukarı benzerdir. Esasında, diğer dinler bu konuda İslam'dan daha iyilerdir. İslam'ın tersine, diğerlerine zorla din dayatmanın veya onları öldürmenin cennete yönlendireceğini öğretmemişlerdir.

Mesih'te iman ile kıyasla İslam, Hristiyanlık üzerine mükemmellik kesinlikle iddia edemez. Müjde der ki İsa günahsız, canlı, cennette ve bu nedenle, yaşama ve cennete yoldur. Ama Kur'an Muhammed için asla böyle bir şey söylemez.

Kur'an esasında İsa'nın günahsız, canlı, cennette olduğunu onaylamaktadır, ama asla insanlara harika niteliklerinden ötürü İsa'yı takip etmelerini söylemez. Onun yerine insanlara günahkâr, ölü ve cennette olmayan Muhammed'i takip etmelerini söyler. Günahsız ve sonsuza dek yaşayan lider ile Hristiyanlığın, belirsizlik içinde ölen günahkâr lideri ile Müslümanlıktan daha mükemmel olduğu tamamen açıktır.

Böylece İslam'ın dünyadaki yaşamın saflığı veya yargı günü ve yaşam sonrası için diğer dinlerden daha iyi talimatlarının olmadığını görebilirsiniz. Bu nedenle, İslam'a mükemmel din demek akılsızcadır.

İslam Tek-Tanrı inançlı dinleri yok etmiştir

İslam'a mükemmel din denilemeyeceğinin üçüncü nedeni Arap Yarımadası'ndaki ve komşu ülkelerdeki Tek-Tanrı inançlı dinleri yok etmesindendir.

İslam kuruluna kadar "Tek-Tanrı" inançlı dinlerin takipçileri Arap Yarımadası'nın her bir tarafına dağılmışlardı. Bu dinlere İbrahimî dinler denilirdi. Mü'minun Suresi'nin (23) 84'ten 90'a kadar olan ayetlerinde ve Lokman Suresi'nin (31) 24. ve 25. ayetleri çoğu Arap vatandaşlarının tek Tanrı'ya inandığını onaylamaktadır. Bu İbrahimî dinleri savunmak yerine, İslam onları yok etmiştir ve takipçilerini İslam'a katılmaları için zorlamıştır.

Hanif Dini bir örnektir. 'Hanif' İbrahim'in Tanrı'sına inancını beyan eden ve çoktanrıcılığı reddeden ünlü bir dini grubun adıydı. Arap'lardı ve Muhammed'in kendi, Kureyş, kabilesindendiler. İbn-i İshak'ın yazdığı Muhammed'in hayat hikâyesi, Haniflerin Tek Tanrı'ya inandıklarını ve İbrahim'in dininin takipçileri olduklarını onaylamaktadır. Muhammed İslam'ı getirdikten sonra, diğer İbrahimî dinleri ayaklar altına almasına rağmen dininin İbrahim'in dini olduğunu söylemiştir (S. 3:95; 4:125; 6:161).

İslam'da put tapınma kısa bir süreliğine yasallaştırılmıştır

Hanifler Tanrı'nın tekliği hakkında inançlarında Muhammed'den daha güçlülerdi. Her çeşit put tapınmaya tamamen karşılardı ve Tanrı'nın Tek olduğuna şiddetle inanıyorlardı. Ama Muhammed Mekke'deyken Müslümanların üç puta tapınmalarını istemiştir. Necm Suresi'nin (53) 19. ayetinden sonra bir ayeti ezberden okumuştur. Bu ayet, Lat, bereketlilik tanrıçası, Uzza, gücün tanrıçası ve Manat, kaderin tanrıçası olan üç putların ilahi varlıklar olduklarını ve Allah'a işinde yardımcı olduklarını söylemiştir. Bunu söylemesi üzerine, Muhammed ve takipçileri bu putlara diz çökmüş ve tapınmışlardır.

Kur'an'ın, Muhammed'in ve takipçilerinin Tanrı'dan başka üç putlara tapınmasını istediğini görüyorsunuz. Müslümanlar bu putlara Mekke'de Muhammed'in liderliğinde, Medine'ye göç edene kadar bir süre tapınmışlardır. Medine'de Muhammed, Kur'an'ın bu ayetinin Şeytan'dan olduğunu itiraf etmiştir. Ne Hanifler ne Hristiyanlar ne Yahudiler ne Zerdüştler ne Sâbiîler ne putlara inandılar ne de tapındılar. Buna şiddetle karşı geldiler. Onların Tanrı'nın tekliği için olan ruhani tutumları Muhammed'in tutumundan daha üstündür. Sadece Muhammed Tek Tanrı inancı hakkında onların ruhani tutumlarını takdir etmediği gibi aksine onları İslam'ı takip etmeleri için zorlamıştır.

O zaman İslam'ın puta tapınması ve Tek Tanrı inançlarıyla savaşı ile her türlü puta tapınmadan uzak duran bu dinlerden daha mükemmel olduğu nasıl söylenebilir? Söylenemez.

Her nasılsa, puta tapınma ayeti Kur'an'dan daha sonra kaldırılmıştır. Muhammed'in ölümünden sonra, bu ayet Muhammed'in halefleri tarafından Kur'an'dan kaldırılmıştır. Bu ayetin Şeytan'dan olduğuna ve kaldırılması gerektiğine inanmışlardır. Eski İslami âlimler bu ayeti kitaplarında saklamışlardır ve onlara hala erişebiliriz. Tam ayet böyle okunur: "Bunlar yüceltilmiş dişilerdir ve gerçekten onların aracılığı umulur."

Muhammed puta tapınmayı ne nedenle tasdik etmiştir? Onun için ana neden siyasi baskı idi. Mekke'de eleştirdiği puta tapınanların baskılarına karşı Muhammed için kalkan gibi olan, teşvik edici ve sadık karısı Hatice'yi ve amcası Ebu Talip'i kaybetmişti. Sonuç olarak, kendisini yalnız hissetmiş ve Mekkeli liderlerin ona ve onun Müslüman dostlarına karşı olan baskılarına daha korunmasız kalmıştır. Bu zorluk nedeniyle, ona karşıt olanların gözüne girebilmek için siyasetine küçük bir değişiklik yapmaya karar vermiştir. Bu yüzden, Küreyşli önemli putlara tapınılmasını tasdik etmiştir. Bu onun Medine'ye kaçana kadar Mekke'de bir süre güvende olmasını sağlamıştır.

Muhammed'in ve takipçilerinin puta tapınma nedenleri ne olursa olsun, buna ruhani anlamda "Tanrı'ya şirk koşma" denir. Muhammed'den önce olan, ne İbrahim ne Musa ne İsa puta tapınmayı tasdik etmiştir, ama Muhammed ve Kur'an kısa süreliğine de olsa da bunu tasdik etmiştir.

Muhammed'in İslam'ının diğer dinler arasında en mükemmel din olmadığını görüyorsunuz. Mükemmellik iddiası, Tanrı'nın yüreğine karşıt olmasına rağmen siyasi bir propagandadadır.

İslam sert ilişkileri tasdik eder

İslam'ın mükemmel bir din olamayacağının dördüncü nedeni, insanlarla olan sert ilişkilerindendir.

Daha önceki konuşmalarımda İslam'ın erkeklerin karılarını dövmeyi tasdik ettiğini ve bunun İbrahim, Musa ve İsa için kabul edilemez olduğunu ele almıştım. Karınızı sevmek ve onunla bir insan gibi ilgilenmek mi dininizi mükemmel bir din yapar yoksa onu dövmek mi? İslam mükemmel din olamaz.

İslam ayrıca Muhammed ne öğrettiyse, insanların kör bir şekilde itaat etmesini tasdik eder. Bu ayrıca İbrahim'in, Musa'nın ve İsa'nın imanı için kabul edilemez.

İslam ayrıca eğer ebeveynleri İslam'a bağlı değillerse, ebeveynlerinin velayetini hiçe saymalarını öğretir. Bu tavır, insanları seçim özgürlüğü ile yaratan ve çocukların ebeveynlerine saygı göstermelerini isteyen Tanrı'nın arzusuna karşıt olduğundan, mükemmeldir denilemez.

İslam ayrıca Müslümanların diğer bütün dinleri yok edip, insanları İslam'ı takip etmeleri için zorlamalarını tasdik eder.

Gördüğünüz gibi İslam diğer dinlerden daha iyi olmamakla birlikte, ailelere ve başkalarına olan yaklaşımında daha sert ve kusurludur.

İslam kendisini mükemmel değerlerden soymuştur. Vicdan ilişkilerde sevgi, neşe, bağışlama, esenlik, sabır, nezaket, iyilik, yumuşak başlılık, özdenetimi mükemmel şeylerdir der. Niçin? Çünkü bu davranışlar, insanları en iyi değerleri bulmak için yaratıcı bir yolda ortak olmak, birlikte esenlik içinde yaşamak ve birbirlerinin arkadaşlığından zevk almak için bir araya getirir.

Ama İslam bu davranışları kısıtlamaktadır. İslam'ın ona karşıt olanlara ve Müslüman olmayanlara karşı tavrı işkence ve tahriptir. İslam, kocalara daha çok hak vermektedir ve karılarını dövme talimatı vermektedir. İslam bir koca ve bir karı arasındaki candan sevgiye tehdittir ve erkeğe çoklu eş sahibi olmayı buyurur. İslam ılımlı Müslümanlara, gayrimüslimlere, İslami değerlerle kendilerini hizaya getirmeyen herkese karşı tehdittir. Bu sert tavırları ile İslam mükemmeldir denilemez.

İslam kurtuluş teminatı vermez

İslam'ın mükemmel bir din olmayacağının beşinci nedeni kurtuluş teminatı vermemesindendir.

Kurtuluş teminatı Tanrı'nın en önemli mesajı olduğu halde, İslam ondan yoksundur. Hiçbir Müslüman kendi yaşam sonrası hakkında güven içinde konuşamaz. İslam'ın tanrısı sevdiği Muhammed'i bile belirsizlik içinde bırakmıştır ve o geleceği hakkında korku ile ölmüştür. İslam'ın Tanrısı, imanlı olanlarını dünyadaki yaşamlarında kurtaramaz ve mutluluklarını mükemmel kılamaz.

Kimse belirsizliği ve bunun arkasındaki korkuyu mükemmel şeylerdir demez. Mükemmel bir dinin Tanrısı amacını mükemmel bir şekilde gerçekleştirmelidir; insanları dünyadaki yaşamlarında kurtarmalı ve onlara teminat ve neşe vermelidir. İslam'ın tanrısı Müslümanlara Şeytan'ı takip edenlerin cehenneme gideceklerini yüzde yüz garanti etmekteyken, doğru Müslüman takipçilerinin hiç birine yüzde yüz cennete gideceklerini asla garanti etmemesi üzücü değil midir?

Kutsal Kitap'ın bütün takipçileri, ya peygamber, ya da sıradan takipçi, kurtuluşunun ve cennete gideceğinin teminatına sahiplerdir.

O zaman, İslam kurtuluş teminatı olmadan nasıl diğer dinlerden daha mükemmel olabilir? Bu imkânsızdır.

"Mükemmel" kelimesi güzel ve teşvik edici bir kelimedir. Ama sıklıkla anormal bir şekilde kullanılmaktadır. İslam, mükemmeli mantıksızca kendisine bağdaştıran dinlerden biridir. Bu dünyada kendine mükemmel diyen birçok insan ve inanç vardır. Ama onların iddialarını test etmek ve iddialarında samimi olup olmadıklarını keşfetmek bizim kişisel sorumluluğumuzdur. Bununla, kendimizi ve ailemizi doğru olmayandan kurtarabiliriz. Samimiyetsizlik kendi inancımızdan, ailemizden, atalarımızdan veya diğerlerinden nereden olursa olsun kötüdür; onun farkında olmalı ve kendimizi ondan korumalıyız.

Her iki Sünni ve Şii mezheplerinden olan kendini adamış Müslüman liderler 1400 yıldır İslam'a mükemmel din demektedirler. Hâlbuki eylemleri iddialarında samimiyetsiz olduklarını kanıtlamıştır. Bir grubun liderleri diğer grubun takipçilerine imansız veya Kâfir demektedirler ki bu Kur'an'a göre onların yok edilmeleri anlamına gelmektedir. Son 1400 yılda, bu iki grup birbirlerinin takipçilerinden milyonlarcasını öldürmüşlerdir. İslam mükemmel bir dinse, neden mükemmel dinlerinden, birbirlerinin özerkliğine inanmaya, birbirine saygı duymaya ve birbirleriyle huzur içinde yaşamaya mecbur eden hiçbir mükemmel ilişkisel değer çıkaramıyorlar? Problem onların değildir. Problem İslam'ın kökündedir. Farklı düşünenleri yağmalamayı ve tahrip etmeyi tasdik eden İslam'dır. Kur'an, karşıt olanları ve düşmanları sevgiyi tasdik eden İsa Mesih'in Müjdesi gibi olsaydı, hiçbir Müslüman kimsenin ölümünü arzu etmezdi. Ne yazık ki Kur'an Müjde gibi değildir. İslam en son ve mükemmel dindir demek için mantıklı bir neden yoktur.

Değerlendirme Zamanı 10

1. Dünyada yalnız kendi dinlerinin en iyisi olduğunu ve dünya için en iyi seçim olduğunu iddia eden bir çok insan vardır. Ancak, sadece bir iddia doğru olabilir ve diğerleri yanlış olmalıdır. Doğru iddiayı nasıl keşfedebiliriz?

2. İslam'ın son ve mükemmel din olamayacağına sebepleriniz var mı? Bazı örnekler veriniz.

3. Müslümanların da gayrimüslimlerin de inançlarını takip etmeleri için neden mantıksal nedenlere ihtiyaçları vardır?

4. Tanrı, birisi O'na yalan bir şekilde bir dini atfederse nasıl hisseder?

5. İsa Mesih'in Yolu'nun yalnızca tek Yol olduğunu keşfettiyseniz, güveninizi O'na koyma zamanı değil midir?

Kim, İsa mı yoksa Muhammed mi, Sizin İçin İyi Bir Lider Olabilir?

Günahkâr mı yoksa günahsız bir lider mi sizin için iyi bir ruhani standart olabilir? Son 20 yılda insanlara buna benzer sorular sordum. Günahsız mı yoksa günahkâr bir lider mi size ruhani olarak iyi rehberlik edebilir? Sizin için iyi bir araba mı güzelce çalışabilir yoksa arızalı bir araba mı? Nazik ve sevecen bir eş ile mi iyi bir hayata sahip olabilirsiniz yoksa saldırgan ve kaba bir eşle mi?

İnsanlar hep iyi bir lider, eş, araba ve her diğer iyi bir şeyin hayatı daha iyi yapacağına dair cevap verdiler. Neden? Çünkü Tanrı bizleri öyle bir şekilde yarattı ki yüreklerimizin derinliklerinde hep daha iyi ve mükemmel şeyleri arzu ederiz. Kötü bir aileye, eşe, eve, lidere veya arabaya veya başka bir şeye hiçbir zaman sahip olmak istemeyiz. Paranızı iyi şeyler için harcamayı tercih edersiniz. Başarı iyi şeylerdir. Başarılı uluslararası şirketler iyi standartlarından dolayı başarılıdırlar. Müşterileri çekmek ve onları kaybetmemek için iyi ve güvenilir ürünler tasarlamak üzere olağanüstü miktarlarda para harcarlar.

Ruhsallıkta da aynıdır. Tanrı iyi ve mükemmel olduğuna göre, iyi ve mükemmel şeyler arzu eder ve bizlerin O'nun iyi ve mükemmel modelini takip etmemizi bekler. Tanrı bizlerin mükemmel ve tanrısal bir lideri takip etmemizi ister. Tanrı asla günahkâr bir lideri günahsız bir lidere tercih etmez. Günahsız bir lideri rol modelimiz yapmamızı ister. Sizin kendi Kur'an'ınız bile Zümer Suresi'nin (39) 17'den 18'e olan ayetlerinde der ki: ...Müjdeler olsun... Söylenenleri dinleyip de en güzele uyanlar..." Bu ayetler size, Kur'an'ı okumanızı ve en iyi standardı görmenizi ve o insanı takip etmenizi söylemektedir.

Kur'an'a bakalım; eğer İsa günahsız ve Muhammed'den daha ruhani ise, siz Müslümanların iyi örnek olarak Muhammed'in yerine İsa'yı takip etmeniz gerekir.

Kur'an İsa'nın kutsal bir şekilde mesh edildiğini söyler

Âl-i-İmrân Suresi'nin (3) 45. ayetinde ve Nisa Suresi'nin (4) 171. ayetinde İsa'nın Mesih olduğunu söyler. "Mesih" kelimesi ne anlama gelir? Mesih "Mesh edilerek kutsanmış olan"; Tanrı'nın Ruhu ile Hizmeti için mesh edip kutsadığıdır. Tanrı birini Kendisi mesh ettiğinde, bu demektir ki o insan kutsaldır ve günahsızdır. Kur'an hiç bir yerinde Tanrı'nın Kendisini Muhammed'e gösterdiğini ve hizmeti için onu kişisel olarak mesh ettiğini söylemez.

Görüyorsunuz ki Kur'an'da İsa Mesih'in ruhani pozisyonu Muhammed'in ruhani pozisyonundan yüksektir. Hangisini takip etmeniz gerekir, Tanrı ile olan ve kişisel olarak O'nun tarafından dokunulanı mı, yoksa Tanrı'yı görmeyeni ve O'nun tarafından dokunulmayanı mı?

Kur'an İsa'nın Tanrı'nın kutsal Kelamı (Sözü) olduğunu söyler

Tekrar, Âl-i-İmrân Suresi'nin (3) 45. ayetinde ve Nisa Suresi'nin (4) 171. ayetinde İsa Tanrı'nın Kelam'ıdır der. Dini felsefede, sadece Tanrı için "Kelam" denilir. "Kelime" Tanrı için olan felsefi addır. Müslüman felsefecilere "Tanrı nedir?" diye sorarsanız cevapları "Kelamdır" olacaktır. İlginç bir şekilde Kur'an İsa'yı, Tanrı'nın İslami felsefede tanımlandığı aynı şekilde tanımlamaktadır. Diğer bir deyişle, Kur'an İsa Tanrı'nın Kelam'ıdır derken, "O Tanrı'nın doğasına sahiptir" anlamına gelmektedir.

Size Tanrı'nın nasıl "Kelam" olarak insanlar arasında çalıştığını anlatayım. Pratiğe gelince, Tanrı Kelam Kendini iki yolla tanımlar. Birinci yol yazılı kelimelerledir, ama ikinci yol kişisel olarak açığa çıkmasıdır. "Yazılı kelimeler ile" Tanrı Kelam Kendisini tanrısal Ayetlerle tanımlar demektir. "Kişisel olarak açığa çıkması" ise Kelam (Tanrı) Kendisini kişisel olarak açığa vurur demektir. Tanrı, yazılı kelimeler aracılığıyla bizleri O'nunla kişisel bir karşılaşmaya hazırlamak üzere, karakteristiklerini ve planını bizlere tanımlar. Ama Tanrı'nın kişisel olarak açığa çıkması, ilgimizi O'na yöneltmemiz ve O'nu yazılı kelimeleri ile yüreklerimize davet etmeye hazırlamak üzere, Görkem'ini bizlere göstermek içindir. Diğer bir deyişle, Tanrı Kendisini açığa vurmazsa ve yüreklerimizde ikamet etmezse, O'nun kelimeleri yaşamlarımızda uygulanabilir olamaz.

Size bir örnek ile daha anlaşılabilir kılmama izin veriniz: Sizi bir çocuk olarak babanızın talimatlarını size alakadar yapan dünyevi babanızın kişisel varlığıdır. Babanız kendisini sizden saklarsa, o zaman samimi ilişkinin eksikliği samimi bir yaşam için olan talimatlarını uygulanamaz yapar. Bu Tanrı ile olan ilişkinizde de aynıdır. Eğer Tanrı sizinle samimi bir ilişki istemezse, O'nun uzaklığı O'nun sözlerini de sizden uzaklaştırır.

Kur'an, İsa'nın Tanrı tarafından kişisel olarak dokunulduğunu söylediğine ve İsa'yı Tanrı'nın kişisel Adı ile çağırdığına göre, bu İsa'nın Tanrı'nın yazılı Kelamını veya Kutsal Yazılarını yüreğinize getirebilecek ve sizi kurtarabilecek Tek Kişidir demektir. Bu, Kur'an'ın İsa'ya atfettiği en üstün tanrısal ünvandır, ama Muhammed'e atfetmemektedir.

Muhammed bu nedenle Tanrı'nın yazılı sözünü yaşamınıza uygun kılamaz. Muhammed Tanrı'nın kişisel Kelamı değildir, bundan dolayı, Tanrı ile sizin aranızda samimi ilişki kurmaya gücü yetmez. Bu yüzden Muhammed kendi geleceğinden emin olmadığını söylemiştir ve takipçilerini temin edememiştir. İkinci olarak, İsa'nın aksine, Tanrı ile kişisel ilişkisi olmadığından Tanrı'yı İsa'nın tanımladığı gibi insanlara tanımlayamamıştır.

Böylece Kur'an'ın öğretilerine göre, İsa'nın Tanrı'nın adıyla tanıtıldığını ve Muhammed'den çok daha yüksek ruhani pozisyona sahip olduğunu görüyoruz.

Siz Müslümanların Muhammed yerine İsa'yı takip etmeniz gerekir.

Kur'an İsa'nın Tanrı'nın Ruhu olduğunu söyler

Nisa Suresi'nin (4) 171. ayeti, Meryem Suresi'nin (19) 17. ayeti ve Enbiya Suresi'nin (21) 91. ayeti İsa'nın Tanrı'nın Ruhu olduğunu söyler.

Bazı Müslüman âlimler hatalı olarak bunun Tanrı'nın Ruhu değil de Tanrı tarafından Meryem'in doğurduğu bir ruh veya melek olduğunu söylerler. Bu esasında Kur'an'ın öğretisine aykırıdır. Arapça Kur'an her yerinde, Tanrı'nın ruhlarından veya meleklerinden birini değil de Kendi Ruhunu Meryem'e gönderdiğini söyler. Tanrı'nın Ruhu ile Tanrı'nın meleklerinden veya ruhlarından biri iki farklı şeydir. Eğer Tanrı meleğini göndermek isteseydi, açık bir şekilde meleğini gönderdiğini söylerdi. Tanrı belirsizce konuşmaz. Bu nedenle, bunu Tanrı'nın meleklerinden biri olarak çevirenler kendi Kur'an'larının sözlerini değiştirmektedirler.

Meryem'e gelenin bir melek olduğunu ve İsa Mesih olarak doğduğunu varsayın. Yine de İsa Mesih'in ruhani pozisyonu Muhammed'in ruhani pozisyonundan yüksek olacaktır. Çünkü bir melek her zaman Tanrı iledir, sonsuza dek yaşar ve görünmeyen dünya hakkında her şeyi bilir. Ama Muhammed A'râf Suresi'nin (7) 188. ayetinde görünmeyen dünyadan hiçbir şey bilmediğini söylemektedir. Yani, İsa Tanrı'nın her şeyini bilir, ama Muhammed bilmez.

Ayrıca biliyoruz ki Muhammed ölmüştür ve cennette değildir.

Böylece, "Tanrı'nın Ruhu" ifadesi ister bir melek olarak ister Arapça formunda tercüme edilsin, her iki durumda da İsa Mesih'in ruhani pozisyonunun Muhammed'in ruhani pozisyonundan daha üstün olduğunu ortaya koymaktadır. Bu nedenle Muhammed'den daha üstün ruhani pozisyonu Olanı takip etmeniz sizin için iyi olacaktır.

Kur'an İsa'nın yaratan ve iyileştiren olduğunu söyler

Âl-i İmrân Suresi'nin (3) 49. ayeti ve Maide Suresi'nin (5) 110. ayetinde İsa'nın kuş yarattığını, ölüyü dirilttiğini ve körü iyileştirdiğini söylemektedir.

Kur'an'a göre, İsa hala canlıdır ve cennettedir. Canlı olduğuna göre, hala yaratma, iyileştirme ve insanları ölümden diriltme gücü vardır, hâlbuki Muhammed'in böyle tanrısal güçleri yoktu. Bütün insanların onları iyileştirecek ve onlara yaşam verecek birine ihtiyaçları vardır. İsa lideriniz olsaydı ve size iyileşme ve yaşam teminatı verseydi, sizin için iyi olmaz mıydı?

Kur'an İsa'nın kutsal ve günahsız olduğunu söyler

Meryem Suresi'nin (19) 19. ayeti İsa Mesih'in günahsız ve kutsal olduğunu söyler. Kur'an'da İsa'dan hariç kimse günahsız denilmez. Kur'an diğer peygamberleri ve Muhammed'in günahkâr olduğunu söyler. Bazı Müslümanlar Muhammed'in günahsız olduğuna inanır. Böyle bir inanç Kur'an'ın öğretisine aykırıdır.

Kur'an'ın Muhammed hakkında ne söylediğini görelim: Muhammed Suresi'nin (47) 19. ayeti Muhammed'e der ki:.....Hem kendinin, hem de inanmış erkek ve kadınların günahlarının bağışlanmasını dile. Fetih Suresi'nin (48) 2. ayeti der ki: Allah, senin geçmiş ve gelecek günahlarını bağışlasın. Mü'min Suresi'nin (40) 55. ayeti der ki [Muhammed'e]: Günahların için bağışlanma dile. A'râf Suresi'nin (7) 188. ayetinde Muhammed der ki:…Eğer ben gaybı bilseydim elbette daha çok hayır yapmak isterdim ve bana hiçbir fenalık dokunmazdı.

Muhammed günahsız biri olsaydı, asla böyle bir şey söylemezdi. Kötülüğün ona dokunduğunu ve günah işlemesine neden olduğunu itiraf etmektedir. Bu ayetlerin hepsi Muhammed'in günahkâr olduğunu söylemektedir. Ayrıca Lokman Suresi'nin (31) 34. ayeti ve Ahkâf Suresi'nin (46) 9. ayeti Muhammed'in ölümden sonra kurtuluşundan emin olmadığını söylemektedir. Bu demek oluyor ki Muhammed günahlarının affedildiğinden emin değildi, yoksa geleceğinden endişe duymazdı.

Kur'an'ın Muhammed için günahkâr, ama İsa için doğru, kutsal ve günahsız dediğini görüyorsunuz. Bir günahkâr sizi kutsallığa ve doğruluğa yönlendiremez. Günahkâr Muhammed'i takip etmek yerine günahsız İsa'yı takip etmelisiniz.

Kur'an İsa'nın canlı ve cennette olduğunu söyler

Âl-i İmrân Suresi'nin (3) 55. ayeti ve Nisa Suresi'nin (4) 158. ayeti İsa'nın cennete yükseldiğini söylemektedir. Ama Muhammed ölmüştür ve Meryem Suresi'nin (19) 66.'dan 72. ayetlerine göre cennette değildir.

Kur'an'ın kendisi size İsa'nın canlı ve cennette olduğunu ama Muhammed'in öldüğünü ve cennette olmadığını; Son Günde yargıyı beklediğini söylemektedir. Bu nedenle hepimiz canlı ve cennette Olanı takip etmeliyiz. Sadece O bizleri cennete yönlendirebilir, çünkü O cennettedir.

Görüyorsunuz ki Kur'an bile İsa'nın Muhammed'den büyük olduğunu gözler önüne sermektedir. İsa Mesih'in Müjde'sini okursanız, tamamen şaşıracaksınız. İsa Mesih'i takip edin.

Değerlendirme Zamanı 11

1. Bazı Müslümanlar, Kur'an'da İsa'nın günahsız ve Muhammed'den daha ruhani olduğu halde, Tanrı'nın dünyadaki işini tamamlamasını Muhammed'e vermeye karar verdiğini söylemektedirler. Siz ne düşünüyorsunuz? Tanrı işini tamamlaması için günahsız olan yerine günahkâra mı güvenir?

2. Farz edin ki Tanrı son işini günahsız olan yerine günahkâra verdi. Bu insanların, Tanrı'nın tercihinin her zaman saflık olmadığını ama

günahkârlık da olduğunu düşünmelerine yol açmaz mı? Bu durum, Tanrı'nın mutlak standardı olmadığına göre, insanların istedikleri lideri takip etmelerine yol açmaz mı?

3. Mantıken, günahkârı takip etmektense günahsız lideri rol modeliniz olarak takip etmek daha iyi değil midir?

4. Müjde, dünyada Müslümanların dillerinde mevcuttur. Müslümanların kişisel olarak Müjde'yi okumaları ve İsa Mesih'in nitelikleriyle kişisel olarak hayran olmalarının gerektiğini düşünmüyor musunuz?

5. Müslümanların Müjde'yi okumaları için cesaretlenmeleri için dua ediniz.

İslam'da Liderlik Düzensizdir

Farkında olduğunuz üzere, hayatta her şey hakkındaki tartışmalar vicdanlarımıza başvurulmadan olduğunda, bizleri kayıtsızlığa, yobazlığa ve sertliğe yönlendirir. Bu liderlik için de geçerlidir. Bu nedenle, bugünkü tartışmamıza girmeden önce birkaç uyandırıcı sorular sorup onlara cevap bulmak istiyorum ki açık fikir ve yüreklerle devam edebilelim.

Ailenizde ve toplumunuzda ne tarz bir liderlik görmek istersiniz?

Kendisini ailesinin ve toplumunun bir hizmetkârı olarak gören erkek ile kadın, yerli ile yabancı arasında ayrım yapmayan ve eleştiriye tahammül eden alçakgönüllü bir lider mi? Yoksa ayrımcılık yapan, eleştiriye tahammül etmeyen, baskı uygulayan veya muhaliflerini ortadan kaldıran diktatör bir lider mi?

Kişisel tecrübelerimde, birçok kültür hakkındaki yıllarca olan çalışmalarımın ve dünyanın çoğu bölgelerine seyahatlerimin hepsi insanların iyi ve alçakgönüllü bir lider istediklerini göstermektedir. Eminim ki sizin vicdanınız da bunu onaylamaktadır. Başkalarına, hangi inançtan, ulustan veya ırktan olursa olsunlar, takipçilerine eşit davranan bir lideri mi yoksa başkalarına ayrımcılık yapan veya onu veya inancını takip etmeyenleri ortadan kaldıran bir lideri mi beğenirsiniz? Tekrar, vicdanımız bizlere iyi bir liderin her türlü ayrımcılıktan uzak durduğunu söylemektedir.

Müslüman bir lider yalnızca karı ile koca, erkek ile kadın, yerli ile yabancı arasında ayrımcılık yapmakla kalmaz, ayrıca onu körü körüne takip etmeyenleri ortadan kaldırmak için yasal haklara da sahiptir. İslam'ın, bir liderin ayrımcılık yapmasına yasal haklar veren talimatlarını gözler önüne sermeme izin veriniz.

Aile içinde ayrımcılık

Bakara Suresi'nin (2) 228. ayeti ve Nisâ Suresi'nin (4) 34. ayeti bayanların alt sınıfa ait olduğunu söyler. Nisâ Suresi'nin (4) 11. ve 176. ayetleri kız çocuklarının erkek çocuklarının aldığı mirasın yarısını almalarını söyler. Bakara Suresi'nin (2) 282. ayeti iki kadının şahitliği bir erkeğin şahitliğine eşit olduğunu söyler. Ahzâb Suresi'nin (33) 33. ayetinde bayanların evlerinde sessizce oturmalarını ve dışarı çıkmamalarını söyler. Necm Suresi'nin (53) 2. ayeti bizlere Muhammed'in karılarının sahibi (Arapça'da "sahibukum") olduğunu anlatır. Nisâ Suresi'nin (4) 34. ayeti ve Sâd Suresi'nin (38) 44. ayeti kocaların karılarını dövebileceğini söyler. Kur'an'a sadık olanların bu aile ayrımcılıklarını günlük hayatlarında pratiğe döktüklerinden hiç şüphe yoktur.

Ailenin erkek lideri aile fertlerini öldürme hakkına sahiptir

Tevbe Suresi'nin (9) 123. ayeti der ki: Ey iman edenler! Kâfirlerden (öncelikle) yakınınızda olanlarla savaşın (Arapça'da "Gatilu" öldürün demektir) ve sizde bir sertlik bulsunlar. Bilin ki, Allah kendisine karşı gelmekten sakınanlarla beraberdir.

Bu, dindar bir Müslümanın yakın ve uzak aile fertleriyle, arkadaşlarıyla ve komşularıyla savaşmasına ve hatta İslam'a katılmazlarsa öldürmeye bile dini hakkı olduğu anlamına gelmektedir. Yani, Müslüman bir lider kendi aile fertlerinin, arkadaşlarının ve komşularının yaşamlarını din uğruna yok etmeye hakkı vardır.

Toplum içinde ayrımcılık

Aile içinde ayrımcılığı meşrulaştıran Kur'an ayetlerine baktık. Şimdi toplum içinde ayrımcılığa bakalım.

Ahzâb Suresi'nin (33) 36. ayeti der ki: Allah ve Resûlü bir iş hakkında hüküm verdikleri zaman, hiçbir mü'min erkek ve hiçbir mü'min kadın için kendi işleri konusunda tercih kullanma hakları yoktur. Yani, Kur'an'a göre, Müslüman bir lider, liderliğinde mutlak hakka sahiptir ve diğerleri onu sorgulayamaz. Mücadele Suresi'nin (58) 20. ayeti der ki: Allah'a ve peygamberine düşman olanlar var ya, işte onlar en aşağı kimselerin arasındadırlar.

Karşılaştırmalı liderlik çalışmalarında bir liderin takipçilerinin onu körü körüne takip etmelerini beklediği bu liderliğe Tek-Yönlü liderlik veya diktatörlük denir.

Aşağıda gördüğünüz slayt Muhammed'in liderliğini İsa'nın liderliği ile karşılaştırmaktadır. Tek yönlü ok katılımcı olmayan liderlik tarzını belirtirken çift yönlü oklar takipçilerin veya delegelerin katılımını gerektiren açık liderlik tarzını belirtmektedir. Böylece, Muhammed'in liderliğinin baştan sona tek yönlü iletişim olduğunu ve insanların fikirlerini vermeye hakları olmadıklarını, ama İsa'nın liderlik tarzının katılımcı olduğunu ve insanların kendilerini birbirlerine ve liderlerine ifade etmeye tamamıyla özgürlük sahibi olduklarını görüyorsunuz.

İslami liderlikte size şiddetin bir örneğini vermeme izin veriniz. Hadis[7] 330, 89. Kitap, Cilt 9'da Buhari,

---

7. Hadis numaraları İngilizce kaynaktandır. Lütfen Kaynakça'yı görünüz.

Muhammed'in "İçimden öyle geçiyor ki, odun toplamayı emredeyim, odun yığılsın. Sonra namaz için emredeyim, ezan okunsun. Daha sonra bir adama cemaat imamı olmasını emredeyim. En sonunda cemaate gelmeyen adamlara gidip onlar içindeyken evlerini yakayım" dediğini söyler.

Muhammed, İslami liderlikte en üst otorite olarak yasal cemaat namazını bırakıp, cemaat duasında bulunmayan erkeklerin evlerini yakmayı tercih etmiştir. Çağdaş bir Müslüman liderin, Muhammed'in liderlik modelini dua etmeyenlere karşı aynı sertlikte takip etme zorunluluğu vardır. İslam'da liderlik tek yönlü diyaloğa dayalıdır.

Görüyorsunuz ki Müslüman bir lidere katılmaya özgürlüğünüz vardır ama onu eleştirmeye, terk etmeye veya muhalif olmaya özgürlüğünüz yoktur. İslam, Tanrı vergisi özgürlüğünü kullanmak ve karşı çıkmak veya liderlerini terk etmek isteyenler için küçük düşürme, istila ve ölüm tasdik etmiştir. Müslüman bir lider özgürlüğe karşıdır. Müslüman bir lideri eleştirenler elim hayatlara sahiplerdir.

Enfâl Suresi'nin (8) 6, 12, 13, 22 ve 31. ayetleri bir lideri eleştirenlerin sağır, dilsiz ve canlıların en kötüsü olduklarını; parmaklarına ve boyunlarına vurulmasını söyler. Kur'an'da 146 kere cehennemden söz edilmektedir. Sadece 9'u ahlaki zayıflık, cinayet, hırsızlık, vesairedir. Geri kalan 137'si Muhammed'i eleştirenler ve onu takip etmeyenler içindir. Bu nedenledir ki Müslüman bir lider ona muhalif olanların hayatlarını cehenneme çevirebilir.

Gayrimüslimlere karşı ayrımcılık

İslami liderlik altında gayrimüslimlerin hayatları daha da kötüdür. Âl-i İmrân Suresi'nin (3) 110. ayeti Müslümanların gayrimüslimlerden daha iyi olduklarını söyler. A'râf Suresi'nin (7) 176. ve 177. ayetleri ve Enfâl Suresi'nin (8) 55. ayeti İslam'a katılmayanların köpekler ve canlıların en kötüsü olduklarını söyler. Nisâ Suresi'nin (4) 89. ayeti der ki: Sizin de kendileri gibi inkâr etmenizi istediler ki onlarla eşit olasınız. O halde Allah yolunda göç edinceye kadar onlardan hiçbirini dost edinmeyin. Eğer yüz çevirirlerse onları yakalayın, bulduğunuz yerde öldürün ve hiçbirini dost ve yardımcı edinmeyin. Fetih Suresi'nin (48) 29. ayeti Muhammed'in Allah'ın elçisi olduğunu ve beraberinde bulunanların kâfirlere karşı çetin ama kendi aralarında merhametli olmalarını söyler. Bu nedenle gayrimüslimler Müslüman bir liderin ellerinde güvende olamayacaklardır.

Müslüman bir lidere diğer uluslar için sorunlar yaratmaya talimat verilmiştir

Âl-i İmrân Suresi'nin (3) 85. ayeti der ki: İslam'dan başka bir din kabul edilmeyecektir. Ahzâb Suresi'nin (33) 27. ayeti: Allah Müslümanlara Müslüman olmayanların topraklarını, evlerini, mallarını miras olarak verdi – Müslümanların ayak basmadıkları bir toprağı: Allah her şeye kadirdir. Enfâl Suresi'nin (8)

39. ayeti der ki: Fitne ortadan kalkıncaya ve dinin tamamı Allah için oluncaya kadar onlarla savaşın.

Görüyorsunuz ki Müslüman bir lider dünyaya düşman olmak için İslam'dan yasal izne sahiptir. Yani kendini adamış Müslüman bir lider, İslam'dan sadece kendi ailesinin, insanlarının ve dünyanın özgürlüğünü hiçe sayma hakkına sahip olmakla kalmaz; aynı zamanda kendi inancını zorla diğerlerine dayatma hakkına da sahiptir.

Dünyadaki diğer liderlik tarzları karşılaştırıldığında, İslami liderlik en geri kalmış ve sorumsuz liderlik tarzıdır. İslam'da liderlik neden geri kalmış ve sorumsuzdur? Çünkü sorumluluk ilişkilerde seçim özgürlüğü için karşılıklı saygıyı gerektirir. Ama Kur'an'ın ayetlerinden öğrendiğimiz üzere, Muhammed'in kararlarına gelince hiç kimse seçim özgürlüğüne sahip değildir.

İslam'da bir lideri nitelik değil, güç vasıflandırır

Davud'un Hadis'inin 14. Kitabının 2527. Numarasında Muhammed dedi: Allah için savaş dindar veya dindar olmayan her Müslüman liderin altında her Müslüman için zorunludur; Müslümanlar için dindar olsun olmasın, çok büyük günah işlese bile her Müslüman liderin arkasında dua da mecburidir. İnsanların çok büyük günah işleyen liderlerden kaçınmak için olan sorumluluklarından bile etkisiz kılındıklarını görüyorsunuz

Bu, nitelikli bir liderliğin aksine insanları sualsiz takip etmelerine zorlayan güce susamış bir liderliktir. Yani, İslam'da liderlik için bir lideri vasıflandıran nitelik değildir.

Güce susamışlık bir lideri insanların karar verme ve kendi yaşamlarını yürütme kabiliyetini görmezden gelmesine neden olur. Güce susamışlık bir lideri, insanların durumlarını sadece neden ve mantık ile geliştirebileceklerini anlamasına körleştirir. Güce susamışlık bir lideri kendi iyiliği ve gelişimi için diğer insanların fikirlerine ve tecrübelerine ihtiyacı olduğu anlayışına kör eder. Güce susamışlık bir lideri onu bu pozisyona getiren toplumuna mesuliyeti olduğunu anlamasına engel olur. Bir liderin güce susamışlığı toplumunda samimi dostluk için olan arzuyu yok edeceğinden ve güvensizliğe ve korkuya yol açacağından şüphe yoktur. Korku ayrıca fikir paylaşımına da engel olacaktır. İnsanlar birbirlerine güvenemeyecek ve dolayısıyla yaratıcılığa ve gelişime engel olacaktır. Bunun için kendini adamış Müslüman liderler tarafından yönetilen İslami ülkelerin hiç birinde yaratıcılık veya gelişim yoktur. Yaratıcılığın eksikliği başarıya ve refaha da engel olacaktır.

Müslüman bir lider sadece boyun eğme bekler

"İslam" kelimesi Arapça'da boyun eğmek demektir. İslam'dan hoşlanın yahut hoşlanmayın, ruhani, sosyal veya siyasi, her yönden boyun eğmenizden başka bir seçiminiz olamaz. Boyun eğmezseniz, kâfir olarak sınıflandırılıp, Şeriat'ın talimatlarına göre eşit haklardan mahrumiyete veya işkenceye ya da yaşamınızı kaybetmeye maruz kalacaksınızdır.

Mesih'in Liderliği sevgiye, iyiliğe ve uyuma dayanır

İsa Mesih'teki liderlik her yönden İslami liderlikten farklıdır. Mesih'teki liderlik dostların ve diğer herkesin varlığına değer vermektir. Mesih gösterir ki Tanrı'nın gözlerinde dostlar ve diğerleri aynıdır (Matta 5:43-48; Galatyalılar 3:28; Mısır'dan Çıkış 23:9; 22:21'i okuyunuz). Sevgi ve iyilik İsa Mesih'in liderliğinde en üst önceliklerdir (1 Yuhanna 4:19'u okuyunuz).

Mesih'te liderlik hükmetmek değildir, ama herkesin ileriye adım atması ve başkalarıyla sevgi, iyilik ve uyum içerisinde çalışması için teşvik edildiği daha iyi ve başarılı hayata bir kapıdır. Mesih'te liderlik, herkesin verimli olabilmesi için hem dostları hem de yabancıları, herkesi, güvene kurar. Katılımcı bir liderliktir ve karşıt olsun lehine olsun, herkes lidere fikrini verebilir (2. Timoteos 2:24-25; Yasa'nın Tekrarı 18:22; Yeşaya 1:18) ne de olsa amaç düşmanlık değil, aksine başarı için anahtar etkenleri bulmaktır.

Mesih'te liderlik hizmetkârlıktır

Müjde totaliterliğe karşıdır ama ılımlılığı ve özgürlüğü desteklemektedir. İsa dedi ki: Aranızda birinci olmak isteyen, ötekilerin kulu olsun…Nitekim İnsanoğlu, hizmet edilmeye değil, hizmet etmeye ve canını birçokları için fidye olarak vermeye geldi (Matta 20:25-28). İsa ayrıca dedi ki: Ben Rab ve Öğretmen olduğum halde ayaklarınızı yıkadım; öyleyse, sizler de birbirinizin ayaklarını yıkamalısınız (Yuhanna 13:14).

Mesih'te liderlik herkesle barış içindir

Sürekli bahsettiğim üzere, Müjde der ki: Artık ne Yahudi ne Grek, ne köle ne özgür, ne erkek ne dişi ayrımı var. Hepiniz Mesih İsa'da birsiniz (Galatyalılar 3:28). Ayrıca der ki: Herkesle barış içinde yaşamaya, kutsal olmaya gayret edin (İbraniler 12:14); Rab'bin kulu kavgacı olmamalı. Tersine, herkese şefkatle davranmalı, öğretme yeteneği olmalı, haksızlıklara sabırla dayanmalıdır. Kendisine karşı olanları yumuşak huyla yola getirmeli. Gerçeği anlamaları için Tanrı belki onlara bir tövbe yolu açar (2. Timoteos 2:24-25); Sevmeyen kişi Tanrı'yı tanımaz. Çünkü Tanrı sevgidir (1 Yuhanna 4:8). Bunlar İsa Mesih'teki liderliğin nitelikleridir.

Yüreğinizin derinliğinde hangi lideri takip etmeyi arzu ediyorsunuz?

Önceliği körü körüne boyun eğme olan ve boyun eğmezseniz her şeyi kaybedeceğiniz İslami bir lideri mi? Yoksa liderin hizmetkârınız olmak isteyen ve insanların karşıt veya lehine olsun bir sorun çıkmadan fikirlerini vermeye özgür oldukları Mesih'teki liderlik mi? İsa Mesih, liderlik dâhil her yönden eşsizdir. O'nun liderliğini takip ediniz.

Değerlendirme Zamanı 12

1. İnsanların inancı liderlik dâhil yaşam değerlerini biçimlendirmede ne kadar güçlüdür?
2. En iyi liderin özellikleri nelerdir?
3. Ailenize iyi bir lider (baba veya anne) olmak ve iyi bir lidere sahip olmak ister misiniz?
4. En iyi liderlik değerlerine ve rol modeline sahip bir inanç bulmak ne derece önemlidir?
5. Alçakgönüllü bir liderin faydaları nelerdir?
6. En iyi liderlik modelini İsa Mesih'te buluyor musunuz yoksa bulmuyor musunuz? Neden?
7. Eğer İsa Mesih liderlikte en iyi rol modeli ise O'nu takip etmek ne kadar önemlidir? Aile fertlerinizle ve başkalarıyla olan ilişkilerinizi ne yönlerde etkileyecektir?

İslam'ın Şeriatı mı Yoksa Mesih'in Sevgisi mi – Hangisi Daha İyi Modeldir?

Şüphe yoktur ki dünyadaki her inanç, takipçilerinin yaşamlarını ve ilişkilerini ve o toplumun kanunlarının kuruluşunu etkiler. İslam da Müslüman toplumların yaşamlarını, ilişkilerini ve kanununu, Kur'an'a, Muhammed'in hayatına ve Muhammed'in ve haleflerinin sözlerine dayalı "Şeriat" ile etkilemektedir.

Şeriat, her Müslüman için yaşam tarzını açığa çıkarır. Müslümanlara, Muhammed'in örneğinin ulusları hükmetmesini ve onları her yönden İslamlaştırmasını talimat eder. Aile seviyesinde babanın veya kocanın Şeriat'ın kanunlarını kurmasını gerektirirken eyalet ve evrensel seviyede devlet Şeriat ilkelerinin uygulanmasından sorumludur. Bu ilkelere örnekler yemek, çok eşlilik, evlilik yaşı, itaatsizlik, eleştiri, ceza düzeyi, alkollü içecekler, zina, gayrimüslimler, cihat vb. hakkında olan yasalardır.

Şeriat'ın odak noktası her şeyi ver herkesi İslamlaştırmaktır

Şeriatın güdüsü şartlıdır. İslam'ı takip etmezseniz emniyette olamazsınız. Hâlbuki İsa Mesih'in Yolu'nun ana vurgusu koşulsuz sevgidir. Bu koşulsuz sevgi, İsa Mesih'in takipçilerinin yaşamlarını, ilişkilerini, yasalarını ve onları başkalarıyla esenliğe hazırlamak için, etkiler.

Mesih'in Müjdesi 1. Korintliler kitabının 13. kısmının 1. ve 2. ayetleri der ki: İnsanların ve meleklerin diliyle konuşsam, ama sevgim olmasa, ses çıkaran bakırdan ya da çınlayan zilden farkım kalmaz. Peygamberlikte bulunabilsem, bütün sırları bilsem, her bilgiye sahip olsam, dağları yerinden oynatacak kadar büyük imanım olsa, ama sevgim olmasa, bir hiçim.

Sevgili dostlar, böyle inanılmaz sevginin ve iyiliğin kitabı Müslüman liderler tarafından Muhammed'in adı içinde geçmediği bahanesiyle reddedilmektedir. Oysaki gerçek Tanrı'dan olan böyle bir sevginin, tüm peygamberlerin adlarından daha iyi olduğunu bilmezler.

Sizlere İslam'ın Şeriatından Mesih'in Müjdesine nazaran bazı örnekler vereceğim. O zaman, Muhammed'in adının neden Müjde'de olamayacağını bildiğinize memnun olacaksınız.

Hangisi, İslam'ın Şeriatı mı yoksa Mesih'in Müjdesi mi, aileyi en iyi şekilde onurlandırır

Tanrı dünyayı bir aile; Âdem ve Havva ile başlattığına göre, aile Tanrı için en önemli birim olmalıdır. Ama İslam'ın Şeriatında, koca karılarından daha üstündür ve onları dövebilir. Bakara Suresi'nin (2) 228. ayeti erkeklerin karılarına göre bir derece üstünlüğe sahiptirler der. Nisâ Sure'sinin (4) 15. ayetten 16'ya, erkeklerin karılarını ahlaksızlıktan dolayı ölünceye kadar, aşsız ve susuz evde kilitli tutmaya hakkı bile olduklarını söyler. Hâlbuki aynı ahlaksızlık için, erkekler kamçılanıp serbest bırakılır.

Kur'an erkeğin karısına üstünlüğüne ve karısını dövmeye hatta öldürmeye neden izin verir? Kur'an'ın nedenleri:

Nisâ Suresi'nin (4) 34. ayeti Allah'ın erkeklere kadınlara hüküm sahibi olmak ve itaate zorlamak üzere daha çok güç verdiğini söyler. Kur'an'ın değişik versiyonları Ahzâb Suresi'nin (33) 23. ayetinde Allah ile olan sözleşmelere Müslümanlar arasında sadece erkeklerin doğru kaldıklarını söyler. Diğer bir deyişle, kadınlar Tanrı ile olan sözleşmeye doğru kalamazlar ve her zaman erkekler tarafından düzeltilmeleri gerekir.

İslam'ın peygamberi Muhammed de erkeklerin kadınlardan daha çok hakka sahip olmalarına kendi nedenini verir? Buhari'nin Hadis'inin 330. Numara, 6. kitabının 1. Cildinde kadınların akıllarının kıt olduğunu söylemiştir.

Siz ne DÜŞÜNÜYORSUNUZ? Erkeklerin Tanrı ile sözleşmelerini kadınlardan daha iyi koruduklarına gerçekten inanıyor musunuz? Bu, "Annene ve kız kardeşlerine güvenme" demek değil midir?

Kur'an'a göre, siz, bir oğlan veya erkek olarak, kız kardeşinizden veya annenizden şahitlikte ve miras alımında iki kat daha değerlisinizdir. Bu demektir ki eğer anneniz veya kız kardeşiniz sizi bir şeyden haberdar ederse, başka bir bayan aynısına şahitlik etmeden ona güvenmemelisiniz. Ama babanız veya erkek kardeşiniz veya başka bir erkek bir şeye şahitlik ederse, ona güvenebilirsiniz. Bir toplumda erkeğe güvenin olduğu ama kadınlara olmadığı bir toplum düşünün!

Ünlü İslami âlimler kadınlara eğri der

Buhari'nin 7. Cilt'teki113 Numaralı Hadisi kadının erkeğin kaburga kemiğinden eğri olarak yaratıldığını söyler. Bu eğrilik doğasındadır ve devasızdır. Müslim'in 8. Kitabının 3467 Numaralı Hadisi der ki: kadın bir kaburga kemiğinden yaratılmıştır. Dilediğin bir tarz üzere doğru olamaz. Eğer ondan istifade etmek istersen, bu eğriliği olduğu halde ondan istifade edersin. İsteğine göre onu doğrultmak istersen onu kırarsın, Onun kırılması ise boşanmasıdır. Davud'un 11. Kitabının 2155 numaralı hadisi, Muhammed'in "Biriniz bir kadınla evlenir veya bir köle satın alırsa şöyle dua etsin: "Allahım, ben bunun hayırlı olmasını ve hayırlı bir mizaç üzerine olmasını diliyorum. Onun şerrinden ve şerli bir tabiat üzere olmasından sana sığınıyorum..." Buhari'nin 88. Kitabının ve 9. Cildinin 219 numaralı hadisi der ki: Muhammed Pers halkının Kral Hüsrev'in kızını Kraliçe (hükümdar) yaptıkları haberi alınca, demiştir ki, "Bir kavmin başına kadın hükümdar gelirse, o kavim helak olmaya mahkûmdur."

Muhammed ve Kur'an kadınları kötü varlıklar olarak tanıttığına göre, müfessirler kadınlar hakkında ne diyeceklerdir?

Rum Suresi'nin (30) 21. ayeti kadınların erkekler için yaratıldığını söyler. Razi (856 MS), Sünni bir filozof At-Tafsir al-Kabir (Tefsiru Kebir) adlı tefsir kitabında bu ayeti yorumlarken şöyle demiştir: "erkek için yaratıldı" kadının bir hayvan olduğuna kanıttır. Hadi Sabzevari (1797) bir Şii filozof Sadr al-Mote'alihin üzerine yazmış olduğu tefsirinde der ki: kadınlar gerçekten ve tam tamına olarak dilsiz hayvanlar arasındadırlar. Onlar yaratıkların tabiatına sahiplerdir.

Bu beyefendilere filozof denilmesi ve günlerinin devletleri tarafından onurlandırılmaları çok üzücüdür.

Mesih'in Müjdesi, kızlar ve bayanlar hakkında böyle üzüntülü şeyler söylememektedir.

Müjde'nin Tanrı'sının gözünde koca ve karısı eşitlerdir

Müjde Galatyalılar kitabının 3. kısmının 28. ayetinde koca ile karının Tanrı için aynı değere sahip olduklarını söyler. Efesliler kitabının 5. kısmının 25. ve 28. ayetleri bir erkeğin karısını kendi bedeni gibi sevmesini söyler. Koloseliler kitabının 3. kısmının 19. ayeti der ki: Ey kocalar, karılarınızı sevin. Onlara sert davranmayın. Ve 1. Petrus kitabının 3. kısmının 7. ayetinde karıların kocaları ile beraber Tanrı'nın lütfettiği yaşamın ortak mirasçıları olduklarını söyler. Kocaların duaları karılarını anlamaz ve saygı göstermezlerse kabul edilmeyecektir.

Bu İslam'da kadınlara karşı davranış ile Hristiyanlıkta kadınlara karşı davranışın karşılaştırmasıdır. Sizce bunlardan hangisine mükemmel din denilmelidir?

Şimdi İslam'ın Şeriatında aileye karşı daha da şok edici olan davranışı görelim.

Şeriat çocuklardan velilerine karşı itaatsizlik etmelerini ister

Tevbe Suresi'nin (9) 23. ayeti bizlere Müslüman çocukların eğer velileri İslam'ın değerlerinden çok başka değerleri seviyorlarsa, babalarının veya ağabeylerinin veliliklerini kabul etmemelerini söyler.

Biliyorsunuz ki bir ailenin olgun çocuklarının veliliğe ihtiyaçları yoktur, ama olgun olmayan çocukların ihtiyaçları vardır. Bu ayette Kur'an, olgun olmayan çocuklardan velileri iyi Müslümanlar değillerse onlara karşı itaatsizlikte bulunmalarını istemektedir. Birisi çocuklarınızı babalığınızı veya veliliğinizi umursamamasına karşı teşvik etse mutlu olur musunuz? Kur'an'ın yaptığı da budur.

Ebeveynlerin çocukları arasında olduğu gibi, hayvanlarla yavruları arasında bile sevgi bağı olduğunun farkında mısınız? Hatta en tanrısız insan bile çocuklarını sever. Bunun nedeni Tanrı'nın bizleri birbirimizi sevmemiz için yarattığındandır. Bu sevgi bağı Tanrı'dandır. Gerçek Tanrı asla çocuklara ebeveynlerine aldırmamayı öğretmez.

Şeriat'ın Tanrı'dan olan özden sevgiye nasıl da karşı olduğunu görüyorsunuz. Eğer Şeriat kendi Müslüman aile fertlerine insafsızca davranırsa, gayrimüslimlere ne yapacağını düşünüyorsunuz? İslam'ın Şeriatının gayrimüslimler için olan talimatlarını bir görelim.

Şeriat gayrimüslimlere insan olarak davranmaz

Kur'an gayrimüslimlere pis demektedir. Bu yüzdendir ki Suudi Arabistan'da çalışan gayrimüslimler Mekke'den 24 kilometre uzakta kalmalıdırlar. Yeniden bu, bazı Müslümanların gayrimüslimlerle el sıkıştıktan sonra ellerini yıkamaktan başka seçimlerinin olmadığının nedenidir de. Veyahut gayrimüslimlere yemek ve su verdilerse, tabaklarını ve bardaklarını İslami yolla yıkamalarının nedeni de. Çocukluktan eğer bir gayrimüslime dokunduysak, temizlenmek için kendimizi İslami yolla yıkamamız gerektiği bana öğretildi.

Kur'an ayrıca gayrimüslimlere yaratıkların en kötüsü, köpekler, domuzlar, maymunlar ve eşekler der. Başkalarına hayvanlar olarak hitap etmek Tanrı'ya, insanlığa ve hatta hem Yahudilerin hem Arapların babası denilen İbrahim'e ihanettir: Muhammed ve Yahudilerin ikisi de İbrahim'in soyundandır. İbrahim'i seven Tanrı nasıl onun yüzüne soyunun hayvanlar olduğunu söyler? Torun, Muhammed, dedesi İbrahim'e İshak'tan olan torunlarının hayvan, sadece İsmail'den olan torunlarının insan olduğunu nasıl söyleyebilir? Yahudilere hayvanlar diyerek, gerçekte dedeye hayvanlar ürettiğini söylüyorsunuz.

Şeriat gayrimüslimleri öldürmeyi meşrulaştırmak için onların hayvan olduklarını söyler

Enfâl Suresi'nin (8) 39. ayeti der ki: Fitne ortadan kalkıncaya ve dinin tamamı Allah'ın oluncaya kadar onlarla savaşın. İslami ülkelerin bazılarında gayrimüslimlere karşı terörün arkasındaki güdü budur. Kur'an gayrimüslimlere Kâfirler demekle beraber eğer İslam'ı takip etmezlerse nefret, küçük düşürme, aldatma, tuzak, esaret ve öldürmeye maruz kalabileceklerini söyler.

Bu tarz tavırlar ve eylemler Mesih'in Müjdesi tarafından tamamıyla reddedilir. Sevecen, merhametli ve iyi Tanrı, takipçilerinden inançları uğruna başkalarına acı çektirmelerini istemez. Dostlar, Mesih İsa'nın Müjdesinde nefret veya cinayete teşvik edici bir tane bile ayet yoktur. Niçin? Birincisi, Tanrı yarattıklarının yaşamlarına çok değer verdiğinden. İkincisi, biz insanları yaratmadığımızdan dolayı başkalarının yaşamları üstüne hiçbir hakkımız yoktur.

Şeriat'ın nefreti ve kini ile ailede ve toplumda esenlik yaratmak mümkün değildir, ama Mesih'in sevgisi ve iyiliğiyle mümkündür. Yani Mesih'in sevgisi insan ilişkileri için daha iyi bir modeldir, İslam'ın Şeriatı değil.

Değerlendirme Zamanı 13

1. Sertlik, ayrımcılık ve kin ile ailemizde ve diğerleriyle uzun süreli ilişkiler kurabilir miyiz?

2. Şeriatı takip edip eşlerimize sertlik gösterirsek bu çocuklarımızı nasıl etkiler?

3. Bir insan zorlama ve şiddet ile Tanrı'nın veya bir peygamberin samimi bir takipçisi olabilir mi?

4. Tanrı her bilgeliğin kaynağı olduğuna ve insanları mantık ile ikna edebileceğine göre insanları zorla ikna etmesine gerek var mıdır?

5. İnsanlara seçim özgürlüğü vermesine rağmen Tanrı'nın zorla takipçiler yapmasına ihtiyacı var mıdır?

6. Mesih'in sevgisi niçin Şeriat'ın ilkelerinden üstündür?

7. Mesih'in sevgisini başkalarıyla da paylaşma sorumluluğu hissediyor musunuz?

İnsanlığın Dostlara İhtiyacı Vardır, Düşmanlara değil

Bana katılıyor musunuz? Katılıyorsanız, o zaman uzun süreli dostlukları nasıl ve hangi yollarla kurabiliriz bulmalıyız.

Düşmanlara sahip olmak bizler için hoş olmadığı gibi, biz başkalarının düşmanları olursak bu onlar için de hoş değildir. Öfke, nefret, düşmanlık, aldatma, yalan veya tüm diğer ahlaklı olmayan yollarla samimi dostlar edinemeyeceğimiz açıktır.

Ahlaklı olmayan yollar başkalarının haklarına karşı savaş yollarıdır. Başkalarının haklarını ihlal ettiğimizde, onlarla dostluk kuramayız. Dostluk saygı, iyilik, fedakârlık, bağışlama, sabır ve özdenetimi icap ettirir.

Bütün bunlar bizlere, bizim gibi düşünmeyenlere karşı nefret, öfke, şiddet veya her hangi bir ahlaklı olmayan davranışı öğreten insan veya inançtan uzak durmamız gerektiğini söylemektedir. Onlardan uzak durmamız gereklidir çünkü onlar sadece toplumumuzdaki dostlukları bozmakla kalmayıp kendi ailelerimizdekileri de bozarlar.

Başkalarından nefret etme yalnızca başkalarından nefret etme değildir

Yüreğinize nefret tohumu ekerek, bu tohumu kendi ailenize de ekersiniz. Size bir örnek vereyim. İslam'ın peygamberi Müslümanları putperestlerden ve diğer dinlerin takipçilerinden nefret etmeye teşvik etmiştir. Bu nefret onları Arap Yarımadası'ndaki bütün gayrimüslimleri Müslüman olmalarına zorlamalarına ve ayrıca İslam'a katılmak istemeyenleri öldürmelerine teşvik etmiştir. Suudi Arabistan'ın tamamı İslam'a tabi olmuştur ve nefretlerini uygulayabilecek hiçbir gayrimüslim kalmamıştır. Bu nefret yok oldu mu? Hayır. İslam'ın kuruluşunda gayrimüslimlere karşı Müslümanların yüreklerine ekilen nefret, İslam'ın kendi çocuklarında nefret meyvesini vermiştir; Muhammed'in kendi ailesini bölmüştür; kendi aralarında ve gelecek Müslüman nesillerin aralarında düşmanlığa yol açmıştır. Bu nefret, İslam'ın yükselişinden beri 1400 yıldır birbirlerinin kanlarını döken Sünni ve Şii mezheplerini yaratmıştır.

Bu acayip değil midir? Başkalarına karşı yüreğinize nefret tohumu ektiğinizde sadece başkalarını inciteceğinizi sanırsınız, ama durumun tamamı bu değildir. Kendinizi ve kendi ailenizi de inciteceksinizdir. Nefret başkalarını düşman yapmakla beraber nefret edeni de zehirler. Bu yüzden İsa Mesih, Müjdesinde düşmanlarımızdan bile nefret etmememizi, aksine onları sevmemizi ve onlar için dua etmemizi söyler.

Maalesef İslam Müslümanlar arasında olan her düzey ilişkide nefrete ve şiddete geniş bir kapı açar ve dolayısıyla samimi sevgi ve saygıya tehdit oluşturur.

Eşinizi dövmek ailedeki herkes için kötüdür

Bir Müslüman Kur'an'ın emrini takip edip çocuklarının annesini dövdüğünde, bu annenin çocukları babalarının düşmanlığından sevgi ve saygıyı değil, ama sertliği ve öfkeyi öğreneceklerdir. Bu öfke ve düşmanlık çocukların davranışlarını etkileyecek ve onları birbirlerine ve başkalarına karşı samimiyetsiz yapacaktır.

Eğer Kur'an ailelere gerçek sevgiyi öğretseydi, bir koca ile karısı arasındaki bu gerçek sevgi birini diğerine üstün kılmaz, ama farklılıklarına rağmen birbirlerini kendi bedenleri gibi sevmeleri için onları birleşmiş tek beden yapardı. Eller, bacaklar, gözler ve diğer bütün beden üyeleri birbirinden farklıdır. Beden için aynı değeri taşımaktadırlar, birbirlerini sevip tamamlarlar ve bedeni birleşmiş ve sağlıklı yapmak için uyum içinde çalışırlar. Bir ailenin üyeleri de bedenin üyelerine benzer olmalıdır. Eğer bir koca karısını döverse ailesi sağlıklı ve sevgi dolu bir aile olamaz. Bu nedenle, en iyi aile değerlerini benimseyip uygulamazsanız, sevecen, alakadar, başarılı bir aile kuramazsınız. Bu ailenizi sizinle beraber yönetmede önemli bir role sahip eşinize daha iyi, saygılı, nazik ve bağışlayıcı olmanız gerektiği anlamına gelir.

Gerçek, en iyi aile değerlerini size sadece İsa Mesih verebilir ve böyle bir birlik kurabilir. İsa Mesih'in Müjdesi'nin bakış açısından evlilik, bir koca ile karısı arasındaki tanrısal mükemmelliği ortaya çıkaran böyle bir birliğin modelidir. İsa Mesih için, evlilik erkeği karısına üstün yapmak için değildir, ama onu karısına kendi bedeniymiş gibi daha merhametli ve sevgi dolu kutsal bir adam yapmak içindir.

Bir önceki kısımda bilinen Müslüman din âlimlerinin kadınları ailede nasıl küçümsediklerini ve hayvanlarla eş tuttuklarını gördük. Eğer Kur'an onlardan karılarını dövmeyi istemeseydi, bu çirkin davranışlarını doğrulamak için karılarının hayvan olduklarını söylemezlerdi.

Ailenizde, düşmanlara değil dostlara ihtiyacınız vardır. Karınıza üstünlüğünüzle veya onu döverek, dost edinemeyeceksinizdir. Bu nedenle, Kur'an'ı terk edip İsa Mesih'in Müjdesini takip etmelisiniz.

Çok eşlilik uyumsuzluğun ve düşmanlığın nedenidir

Kur'an çok eşliliği meşrulaştırarak bir ailede uyumsuzluğun ve düşmanlığın ayrıca nedeni olur. Kur'an'ın emrini takip edip birden çok bayanla evlenirseniz bu çok eşlilik aile fertleriniz arasında uyumsuzluk ve kıskançlık yaratacaktır.

Bir Müslüman olarak diyebilirsiniz ki "Evet, çok eşlilik sadece koca, eşleri arasında adil davranamadığında veya adalet kuramadığında uyumsuzluk yaratır; koca adilse hiçbir problem olmayacaktır." Gerçekten mi? Müslümanlar, Muhammed'in ailesinde adalet kurmaya bütünüyle donanımlı olduğuna inanmaktadırlar. Durum bu olsaydı, niçin onun ve karıları arasında uyum yoktu?

Kur'an'dan bir örnek vermeme izin veriniz: Tahrim Suresi (66) Muhammed ile karılarının arasında var olan uyumsuzluktan bahsetmektedir. Görüyorsunuz ki İslam'ın en adil adamı çok eşlilikle mutlu ve sevgi dolu bir yaşama sahip olamamıştır.

Yaratılışın başından beri, Tanrı çok eşliliğin sevgi ve dostluk yaratamayacağını biliyordu. Aksi takdirde, Âdem için birçok Havva'lar yaratırdı. Ama Tanrı Âdem için bir karı ve Havva için bir koca yarattı. Ben kendim çok eşli bir aileden geliyorum ve ayrıca birçok çok eşli Müslüman ailelerin problemlerinin tek eşli Müslüman ailelerin problemlerinden çok daha fazla olduğuna şahit oldum. Çok eşlilik uyumsuzluk ve düşmanlık yaratır. Bu sadece eşler arasında problemler yaratmakla kalmaz, ayrıca aile ilişkilerinde de yaratır.

Kendimizi ailede bir koca ile karısının birbirleriyle bir araya gelip birbirlerini tüm yürekleriyle sevdiğinde uyumluluk, sevgi ve dostluk getiren İsa Mesih'in Müjdesine bağlamalıyız.

Çocuklara velilerine saygısızlıkta bulunmayı öğretmek dostluğa zehirdir

Kur'an ayrıca çocuklara babalarına saygısız olmalarını ve veliliklerini umursamamalarına teşvik ederek düşmanlar yaratmaktadır. Bunlar olumlu değerler değillerdir. Çocuklar ebeveynlerine saygılı olmalıdırlar.

Kur'an Tevbe Suresi'nin (9) 23. ayetinde babanız İslam'a kendini adamış değilse babanıza saygılı olmamanızı söyler. Kur'an'ın bu emri, sağlıklı bir aile kuramaz. Babanız saygınızı hak etmektedir. Çok çalışıp, sizi gündüz ve gece besledi ki büyüyüp siz de bir baba veya anne olasınız. Siz kendi babanızı sırf inancınıza bağlı olmadığı ve sizin gibi düşünmediği veya inanmadığı için reddederken kendi çocuklarınızın size iyi olmasını nasıl beklersiniz? Diğer yandan, size başkalarından daha yakın olan babanıza düşmanca davranırken, başkalarının size dostça olmasını nasıl bekleyebilirsiniz?

Başka bir soru daha sorayım. Babanız Tanrı tarafından istediği herhangi bir inancı seçmek üzere seçim özgürlüğü ile yaratılmadı mı? Babanıza saygısız olmak için hiçbir hakkınız olamaz. Neye inanırsa inansın, ona saygı duyunuz. Babalık ve annelik Kutsal Kitap'ın Tanrı'sı için çok önemlidir. Tanrı Kutsal Kitap'ta baba ve anne örneğini kullanmaktadır ve bizleri bir anne veya bir baba gibi sevdiğini söylemektedir. Gerçek Tanrı babanıza saygısızlıkta bulunmanızı ve onun düşmanı olmanızı asla istemez.

Ailenizde dosta ihtiyacınız vardır, düşmana değil. Bu nedenle, Kur'an'ın bu talimatından sakınmalı ve aile fertlerinizin istedikleri inancı seçme özgürlüğüne saygı duymalısınız. Esasında, eğer başkalarının Tanrı vergisi özgürlüğüne değer vermez, kendi görüşlerinizi ve inançlarınızı onlara zorla dayatırsanız, Tanrı'ya karşı gelmiş olursunuz.

Başkalarını inançları uğruna öldürmek dostluğa açılan kapıyı kapatır

Ayrıca, Kur'an'ın emrini takip edip gayrimüslim akrabanızı ve komşunuzu öldürdüğünüzde, dostluğa açılan kapıyı kapatmanız, ama nefrete, intikama ve düşmanlığa olan kapıyı ardına kadar açtığınız anlamına gelir. Böyle bir nefret asla bitmez. Sizin ve başkaları arasındaki düşmanlık, siz ve aileniz İslam'ı terk edip sevgi dolu bir imanı takip etmediğiniz ve komşularınızı kendiniz gibi sevip saygı duymadığınız sürece, asla bitmeyecektir. Aksi takdirde, sizin düşmanca tavrınız muhitinizi olumsuz yönde etkileyecek ve samimi dostluğa ve ilgiye engel olacaktır.

Kendinizi diğerlerinden iyi olduğunuzu düşünmeniz dostluğa bir engeldir

Kur'an ayrıca sizin başkalarından daha iyi olduğunuzu öğretir. Bu öğreti hayatınızda samimi bir dost edinmenize asla izin vermez. Âl-i İmrân Suresi'nin (3) 110. ayeti Müslümanların gayrimüslimlerden daha iyi olduklarını söyler.

Bir Yahudi'den veya Hristiyan'dan veya başkalarından eğer onlar gibi günahkâr iseniz daha iyi nasıl olabilirsiniz? Bir günahkâr diğer günahkârlardan nasıl iyi olabilir? Günahkârlar Tanrı'nın gözünde eşitlerdir. Diğer yandan, gerçek dostluk Kur'an'ın görmezden geldiği alçak gönüllülük, nezaket ve eşitliği gerektirir. Bu yüzdendir ki İslam'ı takip ederseniz dostluktaki duyarlılığa karşı savaşacaksınızdır. Konuşmamı, İslam'ın duyarlılığa ve dolayısıyla dostluğa engel olduğuna dair bir örnek daha vererek bitirmeme izin veriniz.

Müzik ve duyarlı bir yürek

İslam müzikten faydalanmamanızı aksine ona karşı durmanızı emreder. Müzik Tanrı'dandır. Müzik yumuşak ve duyarlıdır ve duyarlı yürekler hazırlar. Seslerin ve çalgı aletlerinin sesleri arasındaki ahenk, hisleri ve duyguları güzel ve sevecen yollarla ifade etmek içindir. Genel olarak müzik dostluğu güçlendirir. Müzik ıstıraplı yüreğe gıdadır. Ama İslam bu duyarlı yola karşı savaşmaktadır. Kutsal Kitap'ta müzik insanlar kurtuluşlarını ve Tanrı ile olan ilişkilerini kutlayabilmeleri için tahsis edilmiştir.[8]

---

8. Sevincinizi dile getirin gücümüz olan Tanrı'ya, Sevinç çığlıkları atın Yakup›un Tanrısı›na! Çalgıya başlayın, tef çalın, Tatlı sesli lir ve çenk çınlatın. Yeni Ay'da, dolunayda, boru çalın bayram günümüzde. Çünkü bu İsrail için bir kuraldır, Yakup'un Tanrısı'nın ilkesidir. (Mezmurlar 81:1-4)

Bu mesajda İslam hakkında duyduğunuz her şey diktatörce olan davranışlardır. Böyle davranışlar esenliği, sevgiyi ve dostluğu engelleyen diktatörlüğü sadece güçlendirmek içindir. Esenlik ve uyum içinde yaşamayı arzu ediyorsanız, bu sizin için İslam ile zor olacaktır. Sizin İsa'ya ve O'nun Müjdesine ihtiyacınız var.

Değerlendirme Zamanı 14

1. *Öfke, nefret, düşmanlık, aldatma, yalan ve diğer ahlaksız yollarla samimi dostlar edinmek neden imkânsızdır?*

2. Başkalarından nefret etmekten niçin uzak durmalıyız?

3. *İslam çoğu tarafından esenliğin dini denilse de bu hakikatlerle desteklenebilir mi?*

4. Yaşamlarımızda nefret ve düşmanlık yerine sevgi ve iyiliğe yatırım yapmamız daha iyi değil midir?

5. Niçin İsa Mesih'i izlememiz gerekir?

İsa Mesih'in Müjdesi İlişkiler için Mükemmel Talimatlara Sahiptir

Bu talimatlar akla, yüreğe ve vicdanlara doğru yöneltilmiştir. Birlikte diğer değerlere kıyasla üstünlüklerini onaylarlar. Bu sunumda amacım budur: İsa Mesih'in talimatlarını aklınıza, yüreğinize, vicdanınıza hitap etmek ki onların nasıl eşsiz, faydalı ve hayat değiştirici olduklarının farkına varabilesiniz.

İlişkiler insan yaşamının en önemli parçalarıdır. Bir inanç insanlar arasında birlik ve uyum yaratmıyorsa, bu inanç ile geçirilmiş hayat hepten ziyan olacaktır. İnançlarımız kimliklerimizi ve ilişkilerde tavırlarımızı biçimlendirirler. Bu yüzden, hangi inancı takip edip etmeyeceğimizi seçmemiz gerekir. Bundan dolayı kendi inancımızı başkalarının inançlarıyla karşılaştırmamız ve en iyisi olup olmadığını görmek veya onu en iyisiyle değiştirmemiz bizim için önemlidir.

Sevgi ve iyilik: Müjde'nin ilişkilerdeki öncelikleri

Müjde'nin talimatlarının mükemmel olduğundan bahsetmiştim. Bunun nedeni, Müjde'nin sağlıklı ilişkiler kurmada sevginin ve iyiliğin anahtar etkenler olduğuna inanmasıdır.

Hiçbir inanç sevgiyi ve iyiliği İsa Mesih'in kabul ettiği gibi ilişkilere temel olarak kabul etmez.

Evrimleşme teorisini izleyen bütün inançlar öğretisel olarak iyilik ile acımasızlık arasında fark olduğunu söyleyemezler. Niçin? Çünkü onlara göre her şey kaza ile olmaktadır. Bundan ötürü ilişkilerinde sevgiyi ve iyiliği üstün etkenler olarak seçmek insanoğluna bağlı olamaz. Bu inançlar seçim özgürlüğünü doğanın gücüne kurban etmekte ve insanları güçsüzleştirmektedir. İlişkilerde araştırma, değerlendirme ve yaratıcı karar verme bu nedenle imkânsızdır. Hakikat ise bunların kaza ile olmadığı ama konuştuğumuz sözlerle ve ortaya koyduğumuz tavırlarla olduğudur.

Yeni Çağ akımı, Seküler Hümanizm, Hinduizm, Budizm ve benzeri gibi inançlarda, her birey Tanrı'ya eşit kabul edilir. Sevgi ve iyilik benmerkezciliğin aletleri olurlar ve sadece şahsi güdülere hizmet ederler.

Herkes tanrı olmayı ve kendi örneğini takip etmesi gerektiği öğretildiğinden bir ailede kocanın sevgisinin ve iyiliğinin karısına, karısının kocasına veya çocuklarının ebeveynlerine alakasız olduğunu bir düşünün! Böyle bireysel etik ile bir aile veya bir toplum anarşi yaratır. Huzurlu bir aile veya toplumu kuran, kocanın veya karının veya çocuğun veya liderin bireysel modeli değildir. Standardı her modelin üzerinde olan mükemmel modelin değerleridir.

İslam'da sevgi ve iyilik Müslüman liderin otoritesine bağımlıdır. Bundan dolayıdır ki İslam'da hükmeden sevgi ve iyilik değil; ama hükmeden otoritenin kararı ve gücüdür.

Sonuç olarak, güç ve baskı sevgiyi ve iyiliği koşullu yaptığından dolayı İslam'da hiçbir kimse; Muhammed bile sevgi ve iyilik için mükemmel bir model olamaz.

İsa: Sevgi ve iyilik için mükemmel model

Sadece İsa, aile fertlerinizle ve diğerleriyle olan ilişkilerinizde sizin için sevginin ve iyiliğin mükemmel modeli olabilir. Neden mi? Önce birkaç soru sormama ve ardından bunun için nedenler vermeme izin veriniz.

Sevginin ve iyiliğin mükemmel modelinin davranışlarının nasıl olması gerektiğini düşünüyorsunuz? Bu modelin uygun tanımı nedir?

Bu mükemmel model pratik olarak sevginin ve iyiliğin mükemmeliyetini herkese, dostlara ve karşıt olanlara gösteren bir kişi olmalıdır. Dostlara, çünkü gerçek dostluk sevgi ve iyilik vasıtasıyladır; karşıt olanlara, çünkü bir saniye duraklayıp muhalefetin aşağılamak için olmadığını, ama huzurlu ilişkiler kurmak üzere sakin bir şekilde daha iyi bir yöntem sunmak içindir. Böyle bir modeli dünyaya İsa Mesih'in Müjdesinden başka hiçbir din veya felsefe tanıştırmamaktadır. Bu model İsa Mesih'in Kendisi'dir.

İsa Mesih'in Müjdesi Tanrı'nın sevgi olduğunu söyler. Eğer Tanrı sevgi olmasaydı, mesajı ve elçisi sevgi dolu olmazdı. Yani, başkalarıyla sevgi dolu ilişkilere sahip olmanın ilk adımı sevginin kaynağı olan gerçek Tanrı'yı keşfetmek ve yaşamlarımızı O'nun temeline kurmaktır. Yaşamımızın sevginin kaynağı ile daha derin bir bağa sahip olması gerekir. Bu yolla ilişkilerimizde asla sevgiden ve iyilikten eksik kalmayız ve nefret için asla mazeretler bulmayız.

Gerçek bir elçi ve inancı, sevgiye ve iyiliğe dayanmalıdır

İsa Mesih Müjde'de (Matta 22.37-40) der ki: Kutsal Yasa'nın tümü ve peygamberlerin sözleri iki buyruğa dayanır: İlki, Tanrı'yı bütün yüreğinle, canınla ve aklınla seveceksin. İkincisi, komşunu kendin gibi seveceksin. Gerçek peygamberin ve gerçek yasanın sevgiye ve iyiliğe dayanması gerektiği anlamını vermektedir. Yoksa o zaman ne peygamber ne de dini ve yasası sevecen Tanrı'dandır. Bu nedenle, başkalarıyla uzun süreli huzur veya dostluk sahibi olmayı ne kadar isterseniz isteyin, İsa Mesih'te sevginin ve iyiliğin mükemmel modelini takip etmezseniz, bu takip ettiğiniz her hangi bir model veya peygamber ile mümkün olamaz.

Eğer öfkeli ve diktatör bir peygamberi veya lideri takip ederseniz, onun tavırları ailenize ve başkalarına karşı standardınız olacaktır. Ama İsa'yı takip ederseniz, O'nun koşulsuz sevgisi ve iyiliği başkalarına karşı standardınız olacaktır. İlişkiler hakkında Kur'an'ın ve Müjde'nin sözleri arasında çok büyük farklar vardır. Kur'an uzun süreli dostluklar için gerekli olan sevgi ve iyilikten noksandır. Mesih bu dünyaya bizlere sevgiyi öğretmek ve yüreklerimizi nefretten, sövgüden, düşmanlıktan ve savaştan temizlemek için gelmişken, Muhammed'in hayatının son on yılı bu şeylerle doluydu. Nefret, sövgü, düşmanlık ve savaş ile uzun süreli dostluklar olabilir mi? Kesinlikle olamaz. Tanrı'nın günahınız yüzünden sizden nefret edip sövdüğünü ve size sürekli düşmanca olduğunu düşünün. Sizin O'na dönmeniz ve O'nun dostu olmanız için hiçbir umut olur muydu? Hayır. İnsanlar Tanrı'nın sevgisi ve merhameti yüzünden O'nun dostu olurlar, O'nun düşmanlığından değil. İbrahim Tanrı'nın cana yakın ve iyi olmasından O'nunla dost oldu; korkunç olmasından değil. Bu ilişkilerimizde de doğrudur. İyi, sevecen, şefkatli olursak insanlar bizlerle dost olurlar. Biz söversek veya düşmanlık göstersek kimse bizim samimi dostumuz olmaz. Bu nedenle Müjde 1 Yuhanna kitabının 4. kısmının 11. ve 12. ayetleri der ki: Sevgili kardeşlerim, Tanrı bizi bu kadar çok sevdiğine göre biz de birbirimizi sevmeye borçluyuz .... birbirimizi seversek, Tanrı içimizde yaşar ve sevgisi içimizde yetkinleşmiş olur.

Müjde size sevginin Tanrısı'nın içinizde yaşamasına izin vermenizi ve böylece sevginizin mükemmel olmasını ve bu mükemmel sevgi vasıtasıyla düşmanlarınızı bile değiştirebileceğinizi söylemektedir. Çünkü her hangi mükemmel şey ilgiyi çektiği gibi mükemmel sevgiyi de çeker. Mükemmel sevgi ile sevgi dolu bir aileye sahip olabilirsiniz ve siz ve sevgi dolu aileniz muhitinizde ve toplumunuzda parlayacaksınızdır. Sevginiz ayrıca size karşıt olanları şaşırtabilir ve muhtemelen onlar da sizin adımlarınızı takip edecekler ve düşmanlıktan serbest olacaklardır. Bunun için İsa Mesih'i takip etmelisiniz ve O'nun Müjdesini aileniz ve başkalarıyla olan ilişkileriniz için başınızın tacı yapmalısınız.

Değerlendirme Zamanı 15

1. Eğer sevgi ve iyilik İsa'nın öğretilerindeki gibi nesnel yerine Yeni Çağ, İslam ve evrimci dünya görüşlerindeki gibi öznel olsalardı, ne biçim bir durum yaratırlardı?

2. Sevginin ve iyiliğin mükemmel bir modelinin nitelikleri sizce neler olmalıdır?

3. Eğer öfkeli ve diktatörce bir lideri veya peygamberi takip edersek insanlarla olan ilişkisel tarzımız nasıl olacaktır?

4. Sevgide ve iyilikte kurulmak ve başkalarıyla esenlik sahibi olmak istiyorsak, niçin gerçek Tanrı'yı keşfetmemiz gerekir?

5. Sevgi ve iyilik ailede, toplumda ve dünyada ne gibi değişiklikler yapabilir?

6. İsa'yı mükemmel sevgisi ve iyiliği için onurlandırmamız iyi bir şey midir?

Kur'an İslam'ın Peygamberinden Güvenini Kutsal Kitap'a Koymasını İstemektedir

Buna inanabiliyor musunuz? Hakkında konuşup sizi şaşırtacağım budur.

Katı Müslümanlar tarafından Tevrat'ın ve Müjde'nin değiştirildiğine dair fazlaca propaganda yapılmaktadır. Bu gerçek midir? Önceki bir konuda, Kur'an'da ayetlerin nasıl Kur'an'ın tahrif edildiğini söylediğinden bahsetmiştim. Tevrat ve Müjde de tahrif edilmiş midir?

Tevrat'ın ve Müjde'nin değiştirildiğini söyleyen Müslümanlar bu değişimin Muhammed zamanında mı, öncesinde mi yoksa sonrasında mı olduğunu kanıtlamak üzere mantıklı deliller sunamamaktadırlar. Bu iddialarına niçin mantıklı bir delil sunamadıklarını biliyor musunuz? Çünkü ne derlerse desinler, bu Kur'an'ın sözlerine de karşı olacaktır.

Tevrat ve Müjde Muhammed'in zamanından önce değiştirilmiş olamaz

Çünkü Yunus Suresi'nin (10) 94. ayeti Muhammed'e der ki: Muhammed eğer Kur'an'dan kuşkuda isen, senden önce Kitap'ı okuyan Hristiyanlar'a ve Yahudiler'e sor. Âl-i İmrân Suresi'nin (3) 3. ayeti ve Mâide Suresi'nin (5) 46'dan 48'e olan ayetleri de Müjde'nin ve Tevrat'ın insanlara ışık ve rehber olduğunu söylerler.

Kur'an'a göre, Muhammed kendi Kur'an'ının güvenirliğinden şüphe duymuştur ama tanrısı ondan Müjde'yi ve Tevrat'ı takip eden o zamanın Hristiyanlarından ve Yahudilerinden gerçeği öğrenmesini istemiştir. Bu Tevrat ve Müjde'nin Muhammed'den önce değiştirilmediğini göstermektedir, yoksa kendi tanrısı bu kitapların insanların ışığı olduğunu söylemezdi ve ayrıca takip ettikleri yazıtlar tahrif edilmiş olsaydı Muhammed'den gerçeği Hristiyan ve Yahudilerden öğrenmelerini istemezdi.

Değişiklik Muhammed'in zamanında da olamazdı

Çünkü Bakara Suresi'nin (2) 91. ve 97. ayetlerinde ve Nisâ Suresi'nin (4) 47. ayetinde Muhammed'e der ki: Kur'an Hristiyan ve Yahudiler'in ellerindeki Kutsal Yazıların doğrulayıcısıdır. Ardından Mâide Suresi'nin (5) 68. ayeti der ki: Ey Kitap ehli! Tevrat'ı, İncil'i ve Rabbinizden size indirileni uygulamadıkça hiçbir şey üzere değilsiniz...»

Vay be! Kur'an yalnızca Muhammed'in zamanındaki Tevrat ve Müjde'nin doğruluğunu onaylamakla kalmamakta ayrıca Yahudilere ve Hristiyanlar'a imanlarını onlara dayandırmalarını da söylemektedir. Bu kitapları Yahudiler ve Hristiyanlar değiştirmiş olsalardı, Kur'an onları onaylamazdı.

Tevrat ve Müjde'nin değiştirilmesi Muhammed'in ölümünden sonra da olamazdı

Çünkü Kur'an'ın doğruladığı üzere, gerçek Tevrat ve Müjde İslami ordunun işgal ettiği tüm Arap Yarımadası'nın her yerinde ve etrafındaki alanlarda mevcuttu. İslam'ın ilk yüzyılından olan Müslüman liderler ve öğretmenler gerçek Tevrat'ı ve Müjde'yi saklarlardı ki herhangi bir değişime kanıt olarak kullanabilsinler. Ama bu iddia hakkında eski İslami kitaplarda ve yorumlarda hiçbir kayıt yoktur. Bu değiştirilme iddiasının temelsiz olduğunu göstermektedir.

Kur'an Muhammed'e Tevrat'a güvenmesini söylemektedir

Müslüman liderlerin ve din adamlarının Kur'an'da iki önemli şeye dikkat etmediklerine şaşırıyorum. Yunus Suresi'nin (10) 94. ve 95. ayetleri Muhammed'e Tevrat ve Müjde'ye güvenmesini istemektedir. Mâide Suresi'nin (5) 43. ayetinde Yahudilerin kendi Tevrat'larını takip etmelerini ve Kur'an'ı veya Muhammed'in kararını takip etmek zorunda olmadıklarını söylemektedir.

Kur'an'ın tanrısının Muhammed'den güvenini Müjde'ye ve Tevrat'a koymasını istemesine ve Yahudileri ve Hristiyanları Kur'an'ı takip etmek zorunda olmadıklarını desteklemesine şaşırmadınız mı? Diğer bir deyişle, Kur'an'a göre Muhammed ve Müslümanlar için Kur'an'dan şüphe etmeye ve inkâr etmeye bir yer vardır, ama Tevrat'ta yoktur. Eğer Muhammed'den, İslam'ın en üstün lideri olarak, Tevrat'a ve Müjde'ye güvenini koyması isteniliyorsa, Müslüman liderler, öğretmenler ve din adamları da yalan suçlamalar yaymak yerine Hristiyan ve Yahudi Kutsal Yazıtlara güvenlerini koymalılardır.

Kur'an'ın bu ayetleri, Muhammed'in zamanının Hristiyanları ve Yahudilerinin ellerinde olan Kutsal Yazıtların yüksek değerini yansıtır. Muhammed, bu Kutsal kitapların otoritesini onaylamakla kalmayıp Müslümanları onlarda inanç beyan etmeleri için teşvik de etmiştir. Bu nedenle, Kur'an'ın kendisi Tevrat ve Müjde hakkında olan her şüpheyi ortadan kaldırmaktadır.

Eğer Hristiyanlar ve Yahudiler yazıtlarını tahrif edip yoldan çıkmış olsalardı, Muhammed onların Yazıtlarına ve geleneklerine itimat etmezdi. Ama İslami kitaplardan Muhammed'in yıllarca Mekke'de kiliseye gittiğini ve rahiplerle temasta olduğunu anlıyoruz. Karısı Hatice her zaman Mekke'de kiliseye gitmiştir. Bu, Muhammed'in güveninin Hristiyanlarda olmasındandı. Eğer bunlar Muhammed'in yaşamının hakikatleri ise ve zamanının Kutsal Kitap'ını çok onurlandırdıysa, bu tahrif olma hikâyesi nereden kaynaklanmıştır?

Bu suçlama fikri Muhammed Mekke'den Medine'ye kaçıp Yahudi ve Hristiyanlardan nefret eden Beni Hazrac (Khazraj) olarak bilinen Medineli bir kabileye sığınmasıyla başlamıştır. Hayatta kalmak ve kabul edilmek için Muhammed kendisini bu kabilenin yollarına adapte etmiştir. Nefret insanların ilişkilerinde ciddi problemler yaratır. Bir insandan veya insan grubundan nefret etmeye başlarsanız, bu nefret sizin onlara karşı birçok sahte suçlamalarda bulunmanıza, hatta onlara canlıların en kötüsü demenize ve onların ölümünü dilemenize yönlendirir.

Medine'de Muhammed'e olan da budur. Mekke'deyken Yahudilere ve Hristiyanlara iyi rol modelleri olarak davranmış, Yazıtlarına insanlar için bir ışık demiştir. Ama Medine'ye kaçtıktan sonra, onlara canlıların en kötüsü demiş, Yazıtlarının önemini görmezden gelmiş ve dahası dinlerini terk edip Müslüman olmaları için onlara baskı uygulamıştır. Yahudilere ve Hristiyanlara sonradan yaptıkları, Kuran'ın Muhammed'in Mekke'deki elçiliğinin ilk döneminde verdiği talimatların tam tersidir. Mantığı ise tanrısının Muhammed'i memnun etmek için Yahudiler, Hristiyanlar ve onların Yazıtları hakkında fikrini değiştirdiğiydi. Gerçek Tanrı, hakikatin pahasına Kendi sözünün ve talimatlarının aksine konuşur mu? Katiyen. Bu, Kur'an'da olan güvenimi yitirmeme neden olan sebeplerden birisidir.

Muhammed'in gücü Medine'de yıldan yıla arttıkça, Kur'an orijinal öğretilerinden uzaklaşıyordu. İnsanlara, kendi halkına bile daha karmaşık gelmeye başlamıştır ki bazıları insanlara karşı yeni bulunan adaletsizlik ve düşmanlık yüzünden öfkelenip İslam'ı terk etmişlerdir. Medine'nin Muhammed'i Mekke'nin Muhammed'i değildi artık. Mekke'de huzurlu bir adamdı ve putperestleri kendisini takip etmeleri için zorlamadı. Yahudiler ve Hristiyanlar Kutsal Kitap'ı takip ederek doğru yoldalardı. O bile karısı Hatice ile kiliseye gidiyordu. Ama Medine'de saldırganlaştı ve tanrısının onu memnun etmek için fikrini değiştirdiği bahanesini kullanarak Yahudilere ve Hristiyanlara karşı nefret beslemiştir.

Medine'de, onu barındıran kavmi memnun etmek için Yahudileri ve Hristiyanları suçlamak için herhangi bir mazeret bulma baskısı altındaydı. Hatta takipçilerine adının Tevrat'ta ve Müjde'de yazıldığını bile öğretmiştir ki (Sure 7:157 ve 61:6), böylelikle gelecekte takipçileri onun ismini bulamadıklarında Yahudileri ve Hristiyanları Kutsal Kitap'ı değiştirmekle suçlayabilsinler. Muhammed'in ölümünden yıllar sonra, Müslüman öğretmenler Muhammed'in isminin Kutsal Kitap'ta olmadığını keşfettiler. Muhammed'in ve Kur'an'ın sözlerine her hangi bir şüphe uyandırmanın yasadışı olmasından dolayı onlar için en kolay ve güvenilir yol Hristiyanları ve Yahudileri Kutsal Kitap'ı tahrif ettikleri ve Muhammed'in adını kaldırdıkları için suçlamaktı. Bu nedenle, "Muhammed'in adının Kutsal Kitap'tan kaldırılması" haberi Müslümanlar arasında yaygınlaşmıştır.

Böylece Muhammed'in Yahudilere ve Hristiyanlara olan tavrını Medine'ye göçünden sonra nasıl değiştirdiğini görebiliriz. Bu, haleflerinin temelsiz suçlama ile Kutsal Kitap'ı reddetmelerine ve dünya çapında Müslümanların Yahudi ve Hristiyanları suçlamalarına kapı açmıştır.

Doğruyu söyleme korkusu Müslüman liderlerin ve öğretmenlerin Kur'an ile Kutsal Kitap arasında var olan uyumsuzluğu mantıksal ve dinsel yönden ele almalarının yolunu şimdi tıkamıştır.

Müslüman liderler ve öğretmenler için, Kutsal Kitap'ın geçerliliği şaşırtıcı olarak mesajında değil ama Muhammed'in ismini içerip içermediğine dayalıdır. Bu iki kitabın arasındaki gerçek fark bir ismin varlığı veya yokluğu değildir; gerçek fark Kutsal Kitap'ın takipçilerine bu dünyadaki yaşamda sağladığı ama Kur'an'ın sağlamadığı, kurtuluştur.

Muhammed'in isminin Kutsal Kitap'ta olduğunu varsayalım. Bu ne fark yaratırdı? Hiçbir şey. Kutsal Kitap'ın ana mesajı güveninizi canlı, cennette ve sizi cennete yönlendirebilecek olan İsa Mesih'e koymanızın gerektiğidir. Muhammed'in adı Kutsal Kitap'ta olsaydı, yine de güveninizi İsa'ya koymanızı isteyecekti. Niçin? Çünkü sadece İsa yoldur, gerçektir ve cennete yönlendiren yaşamdır.

Kutsal Kitap'ın Âdem'den İsa'ya olan mesajı, insanların kurtuluşunun Tanrı için en önemli şey olduğu gerçeği ile özetlenir. Bu nedenle, günahın ve Şeytanın esaretinden insanları kurtarmak üzere, Tanrı Kendisini kişisel olarak İsa Mesih'te açığa çıkarmıştır. Yani Kutsal Kitap'taki Tanrı'nın en önemli ilgisi bir peygamberin isminin yokluğu veya varlığı değildir, ama insanların kurtuluşudur ki bu herhangi birinin adından daha önemlidir.

İsa Mesih'in Kutsal Kitap'ının tümü kitap olarak doluluğuna 40 peygamber tarafından 1600 yılı aşkın sürede erişmiştir. 300'ü aşkın peygamberlik sözleriyle, hepsi İsa Mesih'in gelip dünyayı kurtaracağı günü beklediler. Böyle uzun süre zarfında, ne siyasi istikrarsızlık ne ekonomik ve sosyal dalgalanmalar, Kutsal Kitap'ın bu 40 peygamberlerinin mesajları arasında herhangi bir uyumsuzluk yaratabilmiştir. Bu peygamberlik sözlerinin hepsi İsa Mesih'in gelişiyle gerçekleşmiştir. Hâlbuki Kur'an'da uyumsuzluk, sadece bir adam Muhammed ile elçiliğinin 23 yıl gibi kısa bir sürede olduğu halde haddinden fazladır. Bu kısa süreye rağmen, Muhammed'in yaşamının son 10 yılındaki Kur'an'ın çoğu ayetleri erken Mekke'deki ayetlerine zıttır. Kutsal Kitap'ın 1600 yıl zaman zarfındaki peygamberlerin mesajlarının uyumuna şaşırmadınız mı?

Merakım, İsa Mesih'in Kutsal Kitap'ını Müslüman liderlerin karşı gelmesi üzerine kişisel olarak okuyup, kelimelerini test etmeme neden oldu. Kendime dedim ki Tanrı bana okumam için gözler, karşılaştırmam için bir beyin, değerlendirme ve karar verme için bir yürek ve bir vicdan verdi. Bu, bana Mesih'in Kutsal Kitap'ının insanın ellerini Tanrı'nın ellerine koyduğunu bulmama neden oldu. Kur'an bunu asla yapmaz. Bu nedenle yüreğimi İsa'ya verdim.

Siz de aynısını yapıp Kur'an'ın veya İsa Mesih'in Kutsal Kitap'ının doğru olup olmadığını görmek üzere kişisel girişimde bulunmalısınız ve size kurtuluş teminatı vereni seçmelisiniz. Ne Kur'an ne de Muhammed size kurtuluş teminatı verebilir. Lokman Suresi'nin (31) 34. ayeti ve Ahkâf Suresi'nin (46) 9. ayeti der ki öldükten sonra kimse ona ne olacağını bilmez. Ama Kutsal Kitap der ki Mesih'i takip edenler şimdiden kurtarılmışlardır ve öldükten sonra direkt olarak Tanrı'nın kollarına gideceklerdir. Bu nedenle, güveninizi İsa Mesih'in Kutsal Kitap'ına koyunuz ve kurtulunuz.

Değerlendirme Zamanı 16

1. Tahrif edildiğini düşünseydi Muhammed güvenini Kutsal Kitap'a koyar mıydı?

2. Müslüman din âlimlerinin Kutsal Kitap'a yapılan sözde değişiklik suçlamalarına karşı gerçeğe dayalı (olgusal) savlar yapılabilir mi?

3. Müslüman âlimlerin suçlamalarındaki bir neden Muhammed'in isminin Kutsal Kitap'ta olmamasıdır. Eğer ismi Kutsal Kitap'ta olsaydı, Kutsal Kitap'ın ana mesajında bir fark yaratır mıydı?

4. Müslümanların ilgilerini kurtuluşlarına çekmek (Tanrı'nın başlıca ilgisi olduğundan) ve Kutsal Kitap'taki bir ismin yokluğundan veya varlığından

daha az endişe etmeleri için ne yapmalıyız?

5. Hangi kitabı takip etmeliyiz-kurtuluş teminatı sağlayan Kutsal Kitap'ı mı yoksa bundan yoksun olan Kur'an'ı mı?

İslam'ın Hristiyanların İnançlarına Olan Suçlamaları Asılsızdır

İslam Hristiyanları asla inanmadıkları şeyler için suçlamaktadır. "Tanrı Oğlu" ifadesinin yanlış yorumlanması buna bir örnektir. İsa'nın takipçileri İsa'nın Tanrı'nın Oğlu olduğuna ve kendilerinin Tanrı'nın çocukları[9] olduklarına ruhani anlamda inanmaktadırlar.

İslam'da İsa'ya "Tanrı Oğlu" demek iftiradır

Kur'an Nisâ Suresi'nin (4) 171. ayetinde Tanrı çocuğu olmaktan uzaktır demektedir. Ve Meryem Suresi'nin (19) 35, 89 ve 91. ayetleri Tanrı için oğuldan bahsetmenin kötü, felaket getiren ve korkunç olduğunu söylemektedirler. Kur'an'ın bu ifadelere dayanarak ve İsa Mesih'in Müjdesindeki gerçek anlamının aksine, İslami yorumcular "Tanrı'nın Oğlu" ifadesini yanlış yorumlamakta ve buna "Hristiyanların Tanrı'ya karşı iftirası" demektedirler. Hristiyanların Tanrı ile Meryem arasında fiziksel ilişkinin sonucunda İsa'nın bu dünyaya geldiğine inandıklarını söylemektedirler.

---

9. Müjde "Ne mutlu barışı sağlayanlara! Çünkü onlara Tanrı oğulları denecek." der (Matta 5:9). İsa'ya yalnızca barış sağlayan olduğu için değil ama ayrıca Esenlik Önderi olduğu için de Tanrı'nın Oğlu denilir. Takipçilerine de Tanrı'nın çocukları denilir çünkü O'nun barış elçileri olmaları için İsa tarafından esenlikte kurulmuşlardır.

Hristiyan Kutsal Kitap'ının hiçbir yerinde İsa'nın Tanrı ile Meryem'in fiziksel ilişkisinden doğduğunu söylememektedir. Onun yerine, Bakire Meryem'in üzerine Kutsal Ruh'un gelmesiyle, Ruh insan oldu ve Kendisini tamamıyla İsa Mesih'te gösterdiğini söylemektedir. Müjde'de Tanrı ile Meryem arasındaki ilişki ruhani bir ilişkidir. Tanrı'nın eşe ihtiyacı yoktur ve Tanrı olduğundan bir bayanla dünyevi bir ilişkiye giremez.

"Tanrı'nın Oğlu" ifadesi hakkındaki gerçeği ihmal etmeleri

Bu şok edici değil mi? Muhammed ve Müslüman din âlimleri Müjde'deki bu ifadenin gerçek anlamına gözlerini kapamışlardır; kendi yanlış yorumlamalarından ve yanlış anlamalarından Hristiyanların Tanrı'yı tahkir ettiklerini söyleyip Müslümanların Hristiyanları öldürmelerine tasdik vermişlerdir. Bunun için her Müslümanın bir Hristiyan'dan Müjde ödünç alması, okuması ve İslam'ın Hristiyanların inançlarına olan suçlamalarının asılsız olduğunu şahsen anlamaları gerekir. Müslümanların Tanrı'nın oğlu veya kızı denilmenin ne anlama geldiğini anlamaları ve İslam'ın 1400 yıldır olan yanlış anlamasına, Hristiyan ve Yahudi inançlarına olan önyargılarına ve sert tepkilerine son vermeleri lazımdır.

Müjde, İsa'nın Meryem'de gebe kalmasını Luka kitabının 1. kısmının 35. ayetinde şöyle ifade eder: "Melek ona şöyle yanıt verdi, Kutsal Ruh senin üzerine gelecek, Yüceler Yücesinin gücü sana gölge salacak. Bunun için doğacak olana kutsal, Tanrı Oğlu denecek." Gördüğünüz üzere Müjde Kutsal Ruh'un Meryem'in üzerine geldiğini ve onun kutsal evlat İsa'ya hamile kaldığını açıkça söylemektedir. Onun için bu ruhani bir ilişkidir, fiziksel bir ilişki değil.

İsa Mesih'in takipçileri ile ilgili olarak, Müjde Yuhanna kitabının 1. kısmının 12. ve 13. ayetleri der ki İsa Mesih ona iman edenlere Tanrı'nın çocukları olma hakkını verdi. Onlar ne kandan, ne beden ne de insan isteğinden doğdular; tersine İsa Mesih'te olan imanlarından dolayı RUHANİ olarak Tanrı'dandır. Müjde tekrar 1. Petrus kitabının 1. kısmının 23. ayetinde İsa Mesih'in takipçilerine der: Çünkü ölümlü değil, ölümsüz bir tohumdan, yani Tanrı›nın diri ve kalıcı sözü aracılığıyla yeniden doğdunuz.

Yani, İsa Mesih'e Tanrı'nın Oğlu denilmektedir çünkü O, Tanrı'nın yaşayan ve ebedi Ruhu ve Sözüdür; bizlere Tanrı'nın çocukları denilmektedir çünkü İsa, Tanrı'nın ebedi Ruhu ve Sözü olarak içimizde yaşamaktadır ve bizlere ebedi yaşam ve teminat vermiştir. Bu nedenle, İslami kitapların ve yorumcuların, Hristiyanların Tanrı'nın Oğlu inancı hakkındaki yorumları kesinlikle yanlıştır. Müslüman liderlerin Müjde'yi okumalarına ve Hristiyanları asılsızca suçlamayı bırakmaları lazımdır.

Kur'an Allah'ın oğlu olabileceğini söylemektedir

Şimdi sizlere Kur'an'dan birkaç ilginç şey göstermek istiyorum. Meryem Suresi'nin (19) 89. ve 91. ayetleri Tanrı'ya oğul iddiasında bulunmanın berbat bir şey olduğunu söylemektedir. Ama Zümer Suresi'nin (39) 4. ayeti Tanrı'nın eğer isteseydi oğul sahibi olabileceğini söylemektedir. Eğer Tanrı için çocuk iddiasında bulunmak kötü bir şeyse Kur'an'ın kendisi insanların Tanrı'ya oğul atfetmelerine neden sebep olmaktadır?

Müslüman din âlimleri Kur'an'daki bu problemi göremiyorlar mı? Hristiyanlara Tanrı'nın oğula sahip olabileceğine inandıkları için iftiracı diyorlar. O zaman, Zümer Suresi Tanrı'nın eğer isterse oğul sahibi olabileceğini söyleyerek iftiracı olmuyor mu? Bir yandan Kur'an Nisâ (4) Suresi'nin 171. ayetinde Tanrı'nın asla oğula sahip olamayacağını söylüyor, ama diğer yandan Zümer Suresi'nin (39) 4. ayetinde eğer isterse Tanrı'nın oğula sahip olabileceğini söylüyor. Anlıyor musunuz? Zümer Suresi, Tanrı'nın oğul sahibi olmasının imkânsız olmadığını söylemektedir.

Bu riyakârlık değil midir? Bir yandan, Kur'an Hristiyanlara Tanrı'nın oğul sahibi olamayacağını söylüyor, diğer yandan Müslümanlara, evet, eğer Tanrı isterse oğul sahibi olabilir diyor. Bu, Kur'an kendisi Tanrı'nın oğul sahibi olabileceğini onaylarken Yahudileri ve Hristiyanları bu inançtan alıkoymayı amaçlaması adil değildir. Daha da öte, Müslümanlara böyle bir inanca sahip oldukları için onları öldürmelerini talimat veriyor. Bu çok büyük bir haksızlıktır.

Tevbe Suresi (9) 29. ve 30. ayetlerinde der ki: Kendilerine kitap verilenlerle savaşın... Yahudiler, 'Üzeyr, Allah'ın oğludur' dediler. Hıristiyanlar ise, 'İsa Mesih, Allah'ın oğludur' dediler...

Asılsız suçlamalardan uzak durmanın bir yolu vardır

Umarım Kur'an'ın niçin Yahudileri ve Hristiyanları suçlamasının ve Tanrı'nın oğula sahip olabilmesine inandıkları için onlara karşı savaşmasının mantıklı hiç bir nedeni olmadığını anlamışsınızdır. Birincisi, çünkü Hristiyanlar buna ruhani anlamda inanmaktadırlar, ikincisi, Kur'an'ın kendisi Zümer Suresi'nde Tanrı'nın oğlu olabileceğini söylemektedir. Müslüman din âlimleri, Hristiyanları ve Yahudileri suçladıklarından ve her yerde sahte suçlamalar yaymalarından ötürü kendilerinden utanmalıdırlar. Yahudilerden ve Hristiyanlardan özür dilemelidirler. İslami kitapların ve yorumcuların, Hristiyanların Tanrı'nın Oğlu hakkındaki inançları ile ilgili olan bütün yorumları kesinlikle hatalıdır. Müslüman yazarların kendileri Müjde'yi okumadan Hristiyanlığın gerçek görüşünü yansıtamazlar. Hristiyanların İsa Mesih'in Oğulluğuna olan yaklaşımlarını anlayabilmek için İslam'ın geleneksel kısıtlamalarını geride bırakıp Müjde'yi ve Müjde'nin sözleri üzerine olan yorumları okumaları lazımdır.

Müslümanken ben de aynıydım. Benim gibi insanların üzerinde gelenekleri yanlış veya doğruluğu fark etmeksizin her zaman takip etmek için kültürel baskı vardır. Ama hayatımın bir döneminde aklımın ve yüreğimin İslam'ın dışındaki hayata bakmayı arzuladığı için çok müteşekkirim. İşte o zaman İsa Kendisini bana gösterdi ve dünya görüşümü değiştirdi.

Hristiyanlık inancının tersine İslam Üçlü Birliği üç tanrı olarak yorumlamaktadır

Sizinle İslam'ın Üçlü Birlik ile alakalı Hristiyanlara karşı başka bir asılsız suçlamasını paylaşmak istiyorum.

Kur'an (Nisâ 4:171; Mâide 5:116) ve İslami yorumcular Hristiyanların üç tanrıya inandıklarını söylemektedirler. Bu kesinlikle asılsızdır. Tek Tanrı'dan çoğuna inanmak İsa Mesih'in Kutsal Kitabında dine küfürdür. Müjde birçok kere "Tanrı Tek'tir" demektedir (Markos 12:32; Romalılar 3:30; 1 Korintliler 8:4; Galatyalılar 3:20; 1. Timoteos 2:5).

Müjde'de üç tanrı için destek hiçbir suretle yoktur. İslam, Hristiyanları kınamaya mazeret bulmak için Gerçeği çarptırmıştır. Hristiyanlar Müjde'deki Üçlü Birliği, üç tanrı anlamına geldiğine asla yorumlamazlar. Bütün yorumlar ve açıklamalar, Tek gerçek Tanrı inancını desteklemektedir.

Hristiyan inancında Üçlü Birlik nedir? Baba, Oğul ve Kutsal Ruh'tur. Tanrı sevecen ve bağışlayan olduğu üzere, Hristiyanlar O'na Ruhani Baba derler. O'nun Ruhani Egemenliğini dünyada yüreklerimize kuran olarak O'na Oğul denilir. Ve dünyada koruyucu, temin edici ve yol gösterici Tanrı olduğundan O'na Kutsal Ruh denilir. Yani Üçlü Birlik'in anlamı Tanrı'nın Kendisini bizlere üç yolla açığa vurmasıyla aynı anlamdadır.

Bizler de bireyler olarak dünyadaki yaşamlarımızda benzer tarzda ünvanlara sahibiz. Bana oğul, koca ve baba denilmektedir. Tek kişi olduğum halde, kendimi ailemde sevgimi ve sorumluluğumu ifade etmek üzere üç yolla veya üç karakterde açığa çıkarmaktayım. Bu benim üç ayrı kişi olduğum anlamına gelmez. Ben tek kişiyim ama kendimi üç kişi olarak dışa vurmaktayım. Bu Tanrı ile de aynıdır.

Tanrı'nın Kendisinin bu isimlere ihtiyacı asla yoktur; bunlar insanlığın yararı içindir. İnsanlık sadece Tanrı'dan olan saf sevgiye muhtaçtır. Günlük yaşamlarımızda, ebeveynlerin çocuklarına olan sevgilerinden hiçbir sevgi üstün olmadığına göre, Tanrı da Kendisine Baba diyerek bizi bir ebeveyn yüreğiyle kendi ebeveynlerimizden bile daha çok sevdiğini kanıtlamaktadır.

Tanrı'nın sevgisini ve ilgisini Kutsal Kitap'ta nasıl tarif ettiğini görünüz

Peygamber Yeşaya'nın kitabının 66. kısmının 13. ayeti der: "Çocuğunu avutan bir anne gibi avutacağım sizi,..." Tekrar Yeşaya'nın kitabının 49. kısmının

15. ayetinde Tanrı der: "Kadın emzikteki çocuğunu unutabilir mi?" Rahminden çıkan çocuktan sevecenliği esirger mi? Kadın unutabilir, Ama ben seni asla unutmam." Müjde'de, İsa Matta kitabının 7. kısmının 11. ayetinde der ki: "Sizler kötü yürekli olduğunuz halde çocuklarınıza güzel armağanlar vermeyi biliyorsanız, göklerdeki Babanız'ın, kendisinden dileyenlere güzel armağanlar vereceği çok daha kesin değil mi?"

Yani Tanrı'nın bizler için olan sevgisi bir ana baba sevgisidir. Bizlere gerçek sevginin, adaletin, kutsallığın, doğruluğun, esenliğin ve neşenin ne olduğunu öğretmek için bizlere samimi ve babacan bir sevgiyle yaklaşır. Bu nedenlerden dolayı O'na Baba denilir.

Tanrı'ya ayrıca Oğul denilir

Tanrı'nın Ruh'u Meryem'in üzerine gelmiştir ve Ruh bedenden İsa olarak doğmuştur. Bu demektir ki Tanrı Kendisini İsa'da açığa vurmuştur. Tanrı kadirdir ve arzu ettiği herhangi bir yolla Kendisini açığa vurabilir. Kendisini Musa'ya ateş ve bizlere İsa'da bir adam olarak göstermiştir.

Tanrı niçin Kendini göstermek ister? Neden kendisini İslam'ın tanrısı gibi gizlemez? Çünkü dünyada uygulamak için kutsal bir planı vardır. Göksel plan dünyada Tanrı'nın kendi kişisel eylemi ile gerçekleşebilir, ne de olsa planı kimse Tanrı kadar iyi bilemez.

Ayrıca Tanrı insanlığı bir amaç için yaratmıştır. Yaşama bir amaç vermek için, Tanrı'nın sürekli olan varlığı ve gözetimi ve denetimi gereklidir. Egemenliğini yüreklerimize kuran mimardır O. Bir mimar iki şey yapar: Birincisi, her şeyi kâğıda yazar, ikincisi, inşa etmek için gider. Tanrı da aynısını yapar. Ruhani Egemenliğini yüreklerimize nasıl kuracağına dair Kutsal Kitap'ı Yazılı Sözü olarak hazırlamıştır. Ardından Kendisini İsa'da açığa vurmuş ve Egemenliğini yüreklerimize kurmak için yaşamlarımıza girmiştir.

Tanrı'nın kendisi şahsen bizlerle olmadan Tanrı'nın sözleri bizlere nasıl ilgili olabilir? Bu nedenle Müjde Yuhanna kitabının 1. kısmının 14. ayetinde der ki: "Söz, insan olup aramızda yaşadı. O'nun yüceliğini –Baba'dan gelen, lütuf ve gerçekle dolu biricik Oğul'un yüceliğini– gördük". Yani Tanrı Kendisini İsa Mesih'te açığa vurmuştur ve dünyada ruhani Egemenliğini kurmak için bu açığa vurduğu kişisine "Oğul" demiştir.

Tanrı'ya ayrıca Ruh da denilir

Ayrıca her yerde olan, öğretici, teselli edici, koruyucu, temin edici ve yol gösterici Tanrı olarak, Müjde'de "Kutsal Ruh" denilir. Tanrı'nın sevecen Tanrı ve Kurtarıcı olması insanlık için yeterli değildir. Bu dünyadaki yolculuğumuzun sonuna kadar ellerimizi tutan bir ana veya bir baba gibi, bize hatırlatmak ve bizi korumak için O'nun devamlı bizimle olmasına ihtiyacımız vardır. Tanrı'nın bu dünyada bizimle olan devamlı varlığına Müjde'de Kutsal Ruh denilir. Yani Üçlü Birlik üç tanrı demek değil, Tek Tanrı'nın üç yolla dışavurumudur. Bu nedenle, Müslüman din âlimlerinin Hristiyanlara olan suçlamaları asılsızdır.

Konuşmamı Kur'an'ın şok edici ve inanılmaz suçlamalarından bir tane daha örnek vererek sonlandıracağım. Tevbe Suresi'nin (9) 31. ayetinde der ki: (Yahudiler) Allah'ı bırakıp, hahamlarını; (Hristiyanlar ise) rahiplerini rab edindiler..."

Ne Kutsal Kitap'ın tümünde ne de Yahudi ve Hristiyanlık tarihinde böyle bir öğreti vardır. Bu tamamen asılsız bir suçlamadır. Müjde ve Hristiyanlar yalnızca Tek Tanrı'ya inanırlar. İslam'ın Hristiyanların inançlarına olan suçlamaları asılsızdır.

Değerlendirme Zamanı 17

1. Müjde'nin (Luka 1. kısım ayet 35) ve Kur'an'ın (Meryem Suresi 17'den 21'e olan ayetler) her ikisi de Tanrı'nın Ruhunu Bakire Meryem'in üzerine gönderdiğini ve onun kutsal bir Oğul doğurduğunu söylemektedir. Niçin Müslüman din âlimleri Tanrı ile Meryem arasındaki bu apaçık ruhani ilişkiyi görmezden gelip İsa'nın Tanrı ile Meryem arasındaki fiziksel ilişkinin sonucunda doğduğunu asılsızca Hristiyanlara atfetmektedirler?

2. Kur'an'ın kendisi Tanrı arzu ederse oğul sahibi olabileceğini söylerken Müslüman âlimler İsa için "Tanrı'nın Oğlu" denilmesine itiraz etmelerinde

ne kadar dürüstlerdir?

3. Kutsal Kitap'ta Tek Tanrı'dan çoğuna inanmak dine küfürdür. Hristiyanlar Üçlü Birliği asla üç tanrı olarak yorumlamamışlardır, o zaman niçin Muhammed ve Müslüman din âlimleri Hristiyanların üç tanrıya inandıklarını iddia etmektedirler?

4. Müslümanların kendilerini yanlış bilgilendirme ve yalan suçlamalardan özgür olmalarına ne yardım edebilir?

5. Bir Müslüman olarak, Daniel da Hristiyanları Üçlü Birlik ve İsa Mesih'in Oğulluğu hakkında suçlamıştır. Nasıl görüşleri değişmiştir?

İslam'daki Siyasi Oyunlar Kendi İnançlarını Göz Ardı Etmektedir

Öğretisel olarak, İslam dünyadaki tek siyasi dindir. Genel anlamda, siyaset yalanlara ve aldatmaya karşı dayanıklı değildir. İslami siyaset yalnız yalanlardan ve aldatmadan uzak durmamakla beraber daha da ötesine giderek bazı durumlarda bunları meşrulaştırmıştır da.

Âl-i İmrân Suresi'nin (3) 54. ayeti ve Enfâl Suresi'nin (8) 30. ayeti der ki: Allah saptıranların en hayırlısıdır. Eğer Allah saptıranların en hayırlısı ise, bu onun siyaset dâhil her şeyde aldatıcılığını kullanacağı anlamına gelir. Allah siyasette aldatıcılığını kullanırsa, sadık takipçilerinin de onun adımlarını izleyeceklerini düşünmüyor musunuz? Takipçilerinin onun siyasetini izleyeceklerinden hiçbir şüphe yoktur.

İslam'daki aldatıcılığın meşruluğu İslam'ın yükselişinden beri Müslümanlara pahalıya patlamıştır. Aldatma, İslami toplumlar içinde bile yalana ve siyasi oyunlara kapı açmıştır.

Kur'an ayrıca Allah'ın yalan söylemeyi meşrulaştırdığını söylemektedir. Nahl Suresi'nin (16) 106. ayeti bir Müslüman'ı yalan söylemeye "mecbur" bırakan durumlar olduğunu öğretmektedir. Bakara Suresi'nin (2) 225. ayeti Müslümanları şartlar gerektirirse durum eski haline dönene kadar Allah'a olan imanlarını reddetmelerine teşvik etmektedir. Âl-i İmrân Suresi'nin (3) 28. ayeti Müslümanların gayrimüslimlerle Müslümanlar güç kazanana ve hükmedene ve onlara karşı bir şey yapana kadar dostluk kurmalarını söylemektedir.

Görüyorsunuz ki İslam'ın tanrısı takipçilerini yalan söylemelerine ve başkaları arasında ikiyüzlülükle yaşamalarına teşvik etmektedir.

Sonuç olarak, yalan söyleme İslami ilişkileri ve hukuki sistemi etkilemiştir. Ünlü Hadis yazarı Buhari Cilt 3, Kitap 49, 857 numaralı hadisinde İslam'ın peygamberi Muhammed'in şunu dediğini yazar: Halk arasını düzelten ve bunun için hayır kastiyle söz ulaştıran veya hayır kastiyle yalan söyleyen, yalancı değildir.

Bir ulusun tanrısının ve peygamberinin yalan söylemeye ruhsat verdiğinde ne olacağını bir düşünün. Bu nedenledir ki Takiye veya elverişli yalan söyleme, Müslümanlar arasında samimiyetin büyümesine izin vermemiştir.

Kutsal Kitap'a göre, sadece doğruluk samimi ve huzurlu ilişkiler yaratabilir, yalan değil. Yalan söyleme ve aldatma Allah, Muhammed ve Müslüman din âlimleri tarafından meşrulaştırılmıştır ve İslami imanın ve siyasetin bir parçası haline gelmiştir. O zaman ne olmuştur? Saptırma ve yalan söyleme siyasi oyunları İslami siyasette kaçınılamaz yapıp İslami inançların istikrarsız olmasına neden olmuştur.

Siyasi oyunlardan ötürü, Muhammed'in kendisi İslam'ın ilkelerini değiştirmiştir

İslam'ın peygamberi Muhammed'in devamlı olarak İslam'ın ilkelerini değiştirdiğini görerek tereddüt etmeden halefleri de onun bile buyruklarını ve geleneklerini ölümünden sonra göz ardı etme noktasına kadar onu taklit etmişlerdir. İslami inançlara yapılan bu değişiklikler Müslümanlara empoze edilmiştir.

Kutsal Kitap her türlü aldatmayı ve yalan söylemeyi reddetmektedir. Süleyman'ın Özdeyişleri kitabının 14. kısmının 5. ve 25. ayetleri der ki: "Güvenilir tanık yalan söylemez, yalancı tanıksa yalan solur... Dürüst tanık can kurtarır, yalancı tanık aldatıcıdır." Müjde ayrıca 2 Korintliler kitabının 4. kısmının 2. ayetinde der: "Utanç verici gizli yolları reddettik. Hileye başvurmayız, Tanrı'nın sözünü de çarpıtmayız. Gerçeği ortaya koyarak kendimizi Tanrı'nın önünde her insanın vicdanına tavsiye ederiz." Kutsal Kitap açıkça aldatmayı ve yalanı reddetmektedir. Oysaki Kur'an onları İslami inancın önemli bir parçası yapmakta; siyasi oyunlara ve karmaşaya öncülük etmektedir.

İslam'daki siyasi oyunlara ilk örnek Müslümanlar'ın namaz yönünün değiştirilmesidir

Yaklaşık on beş yıl boyunca Muhammed'in namaz yönü veya Kıble, Yeruşalim'di ve o ve takipçileri günde beş defa o yöne doğru namaz kılmışlardır. Bu Yahudileri İslam'a çekip kendisini peygamberleri olarak kabul etmelerini hala umduğu zamandaydı. Ama onlar peygamberlerinin İshak ailesinden gelmesi gerektiğinden Muhammed'i reddettiler. Bundan dolayı, Muhammed Yahudiler'den soğudu ve bir Yahudi şehri olan Yeruşalim'e doğru namaz kılmak istemedi. Namaz yönünü Yeruşalim'deki Tek Tanrı ibadethanesinden yüzlerce putun putperestler tarafından hala tapıldığı Kâbe'ye çevirdi. Bakara Suresi'nin (2) 142. ve 145. ayetleri Allah'ın Kıblenin yönünün değişimini Muhammed'i hoşnut etmek için onayladığını söylemektedir. Sonuç olarak, İslam'ın önemli bir inancı siyasi oyunlara kurban edilmiştir.

İslam'da Kıble'nin değişimi İslami öğretinin istikrarsızlığından başka bir şey değildir. Gerçek Tanrı peygamberine yüzünü Tek-Tanrı ibadethanesinden putların tapınağına çevirmesini istemez.

İkinci problem ise Bakara Suresi'nin (2) Allah'ın Muhammed'i hoşnut etmek için Kıblenin yönünü değiştirdiğini söylemesidir. Hâlbuki gerçek bir inançta, Tanrı günahkâr bir insanın güdülerini hoşnut etmek yerine, peygamber ve insanlar günahsız Tanrı'yı hoşnut etmelidir. Kur'an'ın bu ifadesi mantıklı değildir.

Muhammed'in bu yaptığı siyasi bir oyundur. Yahudilerin Müslüman olma umudunu kaybedince, putperestleri kazanıp ilgilerini İslam'a çekmeye karar vermiştir. Bu nedenle, kendisi ve bütün Müslümanlar için Yeruşalim'i bırakıp Kıble'yi Kâbe'yi seçmiştir.

İslam'daki siyasi oyunlara ikinci örnek barış ile içeri sızıp ardından zorla hükmetmektir

Muhammed vaazının ilk 13 yılı boyunca şu anki Kur'an'ın Bakara Suresi'nin (2) 256. ayeti olan "Dinde zorlama yoktur" demiştir. O zaman Muhammed'in sadece 150 takipçisi vardı. Hayatının son 10 yılında çok daha fazla takipçileri olunca, Muhammed kendisini tartışmasız siyasi ve dini lider pozisyonuna koymuştur ve bu yüzden Arap Yarımadasındaki tüm insan gruplarını takipçisi olmaları için zorlamıştır. Ardından Kur'an'ın dili değişmiş ve "dinde zorlama yoktur"dan Âl-i İmrân Suresi'nin (3) 85. ayeti olan "İslam'dan başka din kabul edilmez" e değişmiştir.

İslam'daki bu siyasi oyun Muhammed'den sonra çoğu Müslüman liderin, güvene ve samimiyete bir zehir gibi olan, standardı olmuştur. İleriye doğru giderken, bunun hayatın her yönüne olan olumsuz etkilerini göreceksinizdir.

İslam'daki siyasi oyunlara üçüncü örnek güç kazanmak için güdümlemenin kullanılmasıdır

Muhammed'in başkalarına olan yaklaşımlarını sürekli değiştirmesi halefleri için bir Müslüman liderin istediği her şeyi yapma otoritesi olduğu anlamına gelmesine neden olmuştur. Muhammed'den sonra iktidara geçen Müslüman liderler, Ebu Bekir, Ömer, Osman ve Ali siyasi istikrarsızlığı Muhammed'den miras almışlardır ve uygunluğa göre İslam'da her şeyi değiştirebileceklerini öğrenmişlerdir.

Damadı Ali meşru olan tek lider olduğunu iddia etmiştir, ama kayınpederler ve kayınbirader kıdemlilik ile liderliği tercih etmişlerdir. Aralarındaki bu gerginlik sayısız cinayetlere neden olan Sünni ve Şii mezheplerinin yaratılışına yol açmıştır.

İslam'daki siyasi oyunlara dördüncü örnek Kâbe'nin yerinin değiştirilmesidir

İslam'daki siyasi oyunların ve gerginliğin Mekke'deki Kâbe'nin Ürdün'deki Petra bölgesinden şimdiki Suudi Arabistan'daki Mekke'ye değişmesine neden olduğunu biliyor muydunuz? Bu Hicretten sonra 64 yılında yahut Milattan Sonra 683 yılında olmuştur. Petra'daki Kâbe Muhammed'in, Ebu Bekir'in, Ömer'in, Osman'ın ve Ali'nin hacca gittikleri yerdir. Hepsi Petra'da doğup büyümüşlerdir. Hac için bugünkü Mekke'de hiç bulunmamışlardır. Bütün Kureyşliler ve Haşimoğulları Petra'da yaşamışlardır. Muhammed Haşimoğullarındandı. Peygamber olduğunu da Petra'da iddia etmiştir. Petra'daki Kâbe Yezid bin Muâviye zamanında yıkılmıştır ve yeni Kâbe Suudi Arabistan'da inşa edilmiştir.

Ürdünlüler dünyadaki tek Hâşimîler oldukları iddiasına sıkıca tutunurlar. Ürdün krallığı Ürdün ve Suudi Arabistan sınırına büyük bir bayrak dikmiştir. Bu bayraktaki tek kelime Haşimoğullarıdır; bu biz Ürdünlüler Haşimileriz, siz Suudi Araplar değil anlamına gelmektedir.

İlk önce size şu anki Mekke'nin niçin Muhammed'in orijinal Mekke'si olamayacağına dair Kur'an'dan ve ardından İslami ve İslami olmayan tarihi kitaplardan referanslar vermeme izin veriniz. Ardından size Kâbe'nin niçin Ürdün'de kapatılıp Suudi Arabistan'da kurulduğunu anlatacağım.

Şu anki Mekke Kur'an'da bahsedilen Mekke ile uyuşmamaktadır

Kur'an'ın Kâbe hakkındaki ayetleri şu anki Mekke yerine Petra'nın tarifine uymaktadır. Âl-i İmrân Suresi'nin (3) 96. Ve 97. ayetleri İbrahim'in kurduğu ibadethanenin Mekke'de olduğunu söylemektedir. Fetih Suresi'nin (48) 24. ayeti Mekke vadisindeki Kâbe'yi fetheden İslam ordusundan bahsetmektedir. Sadece Petra'daki Kâbe vadidedir, bugünkü Kâbe'nin yakınlarında veya çevresindeki alanlarda vadi yoktur.

Ayrıca bugünkü Mekke tarihi kanıtlarla eşleşmemektedir

Biliyorsunuz ki İslam öncesi putperestler de Hac seremonisini uygulamışlardır. Eski yazılar Kâbe'nin vadide kurulduğunu söylemektedir. Tarihçiler ve arkeologlar Muhammed öncesindeki ve Muhammed'in zamanındaki Suudi Arabistan'daki çoğu şehirlere farklı putperest türbelerle değinmektedirler, ama Suudi Arabistan'ın güneyindeki kısmında Mekke adındaki bir şehirden bahsetmemektedirler. Önemli ticaret güzergâhında bulunan çok önemli ve büyük bir şehir nasıl olur da tarihçilerin ve arkeologların gözlerinden kaçar? Onun hakkında yazmadılar; çünkü Suudi Arabistan'da Mekke yoktu. Ürdün'de vardı. Bütün tarihi kanıtlar önemli İslam öncesi Haccın Siyah Taş'ın veya Hacerü'l-Esved ''in ve Kâbe'nin veya Mescid-i Haram'ın olduğu Petra'ya yapıldığını göstermektedir.

Siyah Taş hacıları Petra'ya çekmekte büyük bir rol oynamıştır. Muhammed'den 400 yıl önce, Yunanlı felsefeci Tyreli Maximus Siyah Taş'ın Petra'da olduğunu söylemiştir. Yunan Ansiklopedisi Suda (Souda) da Siyah Taş'ın Petra'da olduğu gerçeğinden bahsetmektedir.

Ünlü eski İslami tarihçi Taberî tarih kitabının 192'den 198'e olan sayfalarında İbrahim ve İsmail'in Kâbe'yi vadiye inşa ettiğini söylemektedir. 712'den 713'e olan sayfalarında Muhammed'in çocukluğundan bahsederek, onun oğlanlarla kutsal şehirde vadide oynadıklarını söylemektedir. Kâbe'nin yanında ayrıca küçük bir akarsu vardı.

Eski yazılarda Kâbe'nin yakınlarında tarlalara, meyve ağaçlarına ve bağlara referanslar vardır, oysaki bugünkü Mekke'nin kuru toprağına verimli arazi atfetmek zordur. Bugünkü Kâbe'nin yakınında ne vadi ne dere ne tarlalar ne de meyve ağaçları vardır.

Tarih bize kutsal şehrin duvarlarla ve dağlarla çevrili olduğu hakkında daha da bilgi vermektedir. Şehre giriş dağların kayalarındaki iki çatlak veya Thaniyalar arasındaydı. Muhammed şehre bu çatlaklardan girmiştir.

Bugünkü Mekke şehrinin etrafını saran eski duvarların, dağların olduğuna veya kayaların çatlakları arasındaki girişine dair hiçbir iz yoktur. Ama bütün bu tarifler Ürdün'deki bugünkü Petra'yla uyuşmaktadır.

Safâ ile Merve dağları İslami Hac için önemlidir. Eski tarihi yazılarda Petra'da zirvede putların ve türbelerin olduğu iki büyük dağ vardır. İnsanlar putlara tapınmak için dağın zirvesine birçok adımlarla tırmanmışlardır. Bugünkü Mekke'de Safâ ve Merve denilen sadece iki tane suni tepe vardır ve caminin içindedirler.

Hira (Nur) dağının mağarası vardı ki burada Muhammed'in Müslüman bir peygamber olduğunu iddia etmeden önce bir putperest olarak oruç tutup dua ederek çok zaman geçirmiştir. İslami kaynaklarda, Hira (Nur) dağı şehre bakardı ve Mekke'nin üst kısmında bulunurdu. Hâlbuki bugünkü Hira (Nur) Dağı Kâbe'den uzaktadır ve şehre bakmamaktadır.

Petra Medine'nin kuzeyindedir ve bugünkü Mekke Medine'nin güneyindedir. Ama tarihi kitaplar bizlere Kureyşli orduların Medine'ye hep kuzeyden saldırdığını söylemektedir. Ayrıca, Hendek Savaşı'nda Medine, şehrin kuzeyindeki iki dağın arasındaki Hendek ile korunmuştur.

Mekke'ye saldırmak için Medine'den yürüyen Müslüman ordular güneye doğru bugünkü Mekke yerine her zaman Medine'den kuzeye doğru Petra'ya ilerlemişlerdir. Diğer bir deyişle, asıl kutsal şehir veya Mekke Medine'nin kuzeyindedir, güneyinde değil.

Eski camiler de Petra'ya işaret ederdi. İslami geleneklere göre bütün camiler Kâbe'ye bakmalıdır. Muhammed'in zamanından Hicretten Sonra 107 veya Milattan Sonra 725 yılına kadar inşa edilen bütün camiler Petra'ya bakardı. Sonraki 100 yıl boyunca Müslüman grupların Kâbe üzerine olan gerginliklerinden ötürü yeni camiler farklı yönlere işaret etmeye başlamıştır. Hicretten Sonra 133 veya Milattan Sonra 750 yılında Irak'taki Abbâsî hükümeti Suriye'yi ele geçirmiş Bağdat'ı İslami yönetimin merkezi yapmışlardır. Bu noktadan sonra Orta Doğu camileri Suudi Arabistan'daki yeni Kâbe'ye doğru namaz kılmaya başlamışlardır.

Bu değişim Petra'dan Mekke'ye nasıl olmuştur?

Muhammed'in ölümünden otuz yıl sonra, yani Hicretten Sonra 64 veya Milattan Sonra 683 yılında, Petra hükümdarı Abdullah bin Zübeyr Suriye'nin Şam'daki Emevîler devletinin halifesi Yezid'e başkaldırmış ve kendisini halife ilan etmiştir. Taberî bize Abdullah'ın Kâbe'yi yıkıp zemin seviyesine getirdiğini, Siyah Taş'ı alıp bugünkü Mekke'deki sapa bir alana taşıdığını söylemektedir.

Bunu kendisini Emevîlerin intikamından uzak tutmak ve ayrıca yeni Kâbe'yi inşa edip Siyah Taş'ı oraya yerleştirerek hacıların ilgilerini yeni Kâbe'ye çevirmek için yapmıştır. Siyah Taş nerede ise Müslümanların yüreklerinin de orada olacaklarını biliyordu.

Bu zaman içerisinde üç Emevî lider ardı sıra ölmüş, Siyah Taş'ın Petra'ya dönmesi için Emevî devletinin Abdullah ile savaşması iç problemlere neden olmuştur. Emevî devletinin zayıflığı Abdullah'ın yeni Kâbe ve Müslümanlar için hac merkezi ve namaz yönü kurma çabasının başarılı olmasına neden olmuştur.

Hicretten Sonra 68 ve Milattan sonra 687 yılında farklı yerlere hac yolculuğu vardı. Bazıları Siyah Taş'ın geri döndüğünü umut ederek Petra'ya gittiler. Bazıları Siyah Taş orada olduğundan bugünkü Mekke'ye gittiler.

Hicretten Sonra 71 veya Milattan Sonra 689 yılında, Irak'taki Kufe şehri Emevîlere başkaldırıp yeni Kâbe'yi desteklemede Abdullah'a katılmışlardır. Hicretten Sonra 94 veya Milattan Sonra 713 yılında olan bir deprem Petra'nın çoğunu yok etmiş ve şehir terkedilmiştir. Birçoğu bunu Allah'ın Petra'yı kınayıp yeni Kâbe'yi kabul etmesi olarak yorumlamıştır. Ardından Hicretten Sonra 128 veya Milattan Sonra 745 yılında diğer bir deprem Suriye ve Ürdün'deki binaları tahrip etmiştir. Bunun sonucunda Siyah Taş'ın Petra'ya dönmesindeki bütün ümit yitirilmiştir. Hicretten Sonra 133 veya Milattan Sonra 750 yılında Irak'ın Abbâsîleri Suriye'deki Emevîleri devirmiştir ve Orta Doğu'daki Müslümanların birçoğu Suudi Arabistan'daki yeni Kâbe'ye doğru namaz kılmaya başlamışlardır.

Ama yeni Kâbe'ye ve Mekke'ye hala karşı olanlar vardı. Abbâsîler'e karşı ayaklanan Karmatîler Bahreyn'in kontrolünü ele geçirdiler, yeni Kâbe'ye yapılan her türlü hacca şiddetle karşı olup oraya giden birçok Müslüman hacıyı öldürmüşlerdir. Milattan Sonra 930 yılında bugünkü Mekke'yi işgal ettiler ve Siyah Taş'ı oradan kaldırıp, 21 yıl boyunca saklayıp Abbâsîlere geri vermemişlerdir. Siyah Taş'ın kaldırılması hac için bir felaket olmuştur. Sonunda, Irak'taki Abbâsîler Siyah Taş'ı geri almak için Karmatîlere büyük miktarda para ödemişlerdir. Siyah Taş artık tek parça değildi ve Karmatîler tarafından birkaç parçaya bölünmüştü.

Siyasi oyunların ve gerginliğin İslam'ın en kutsal merkezini Petra'dan bugünkü Mekke'ye nasıl değiştirdiğini görüyor musunuz? İslam'ın sağlam standardının olmadığını ve her liderin ne isterse yaptığının farkına varıyor musunuz? Bu istikrarsız siyaset sizin için nasıl yararlı olabilir? Olamaz.

Size İslam'daki bir siyasi oyundan daha bahsedip bu bölümü bitirmek istiyorum.

İslami oyunların beşinci örneği İsrail toprağının Yahudilere değil Filistinlilere ait olduğudur

Mâide Suresi'nin (5) 21. ve 22. ayetleri Allah'ın İsrail'i Yahudilere nasip ettiğini ve sonsuza dek onlara ait olduğunu, Filistinlilere ne de başka gruba ait olmadığını söylemektedir. İsrâ Suresi'nin (17) 104. ayeti İsrailoğullarına Kutsal Topraklarda oturmalarını ve ahiret vaadi geldiğinde, Tanrı dağılmış Yahudileri değişik ülkelerden İsrail'de bir araya getireceğini söylemektedir.

Kur'an'ın öğretilerine karşı gelerek sizlere Yahudilerin İsrail'i işgal ettiği öğretildi. Bazı İslami hükümetler ve liderler Yahudileri İsrail'den, Kur'an'ın Tanrı'nın Yahudilere sonsuza dek verdiği Toprak'tan çıkarmak için Filistinlilere, Hizbullah'a ve diğer gruplara her yıl milyonlarca dolar vermektedirler.

Bu kadar çok paranın İslami ülkelerdeki milyonlarca muhtaç insan için kullanılması yerine bir yalana harcanılması üzücü bir şey değil mi? Birçok genç insanın sadece yalanlar ve siyasi oyunlar yüzünden Yahudilere karşı teröre dâhil olmaları için kışkırtılmaları üzücü değil mi? Müslüman liderler yalanlarıyla ve siyasi oyunlarıyla Müslümanları karanlıkta tutmaktadırlar. Bu Müslüman uluslara pahalıya mal olmuştur. Bu aldatmaların, yalanların ve siyasi oyunların ancak gözünün açılmasıyla üstesinden gelebilirsiniz. Bu siyasi oyunları İsa Mesih aracılığı ile mağlup edebiliriz.

Değerlendirme Zamanı 18

1. Allah'ın saptıranların en hayırlısı olduğu inancı dinini ve takipçilerinin yaşamlarını ne yönlerde etkilemektedir?

2. Yalan söyleme ve aldatma bazı durumlarda meşru kılınmıştır; buna Takiye veya Elverişli Yalan

söyleme veya aldatma denilir. Bu insanların Allah'ın ve dini tarafından yalan söylemeyi ve aldatmayı öğretildiği anlamına gelmez mi?

3. İslam'daki yalan söyleme ve aldatma siyasi oyunlara kapı açmıştır. Bu siyasi oyunların Müslümanlar arasındaki samimi ve huzurlu ilişkilere olan yolu nasıl tıkadığına bir örnek veriniz.

4. Yalan söyleme ve aldatmanın meşrulaştırılmasının nasıl da İslam'ın kendi öğretilerinin devamlı değişimlere korunmasız olmasına neden olduğuna bazı örnekler veriniz.

5. *İnsanlar yaşamlarını her türlü aldatmayı ve yalan söylemeyi reddeden ve onlara ahlaklı değerler öğreten bir inanca dayamaları gerekir mi? Niçin?*

6. Müslümanlar en iyi değerlerden bihaber olmaya devam ederse ne olacaktır?

7. Müslümanlar arasında en iyi değerleri bilinçlendirmek üzere bir sorumluluğumuz var mı?

Blöflerden, Yalanlardan ve Siyasi Oyunlardan Özgür Olmanın Huzuru

Birisi sizi aldattığında veya gerçeği sizden gizlediğinde bu sizi gerçekten incitir. Başkalarının yalan söylemesi ve aldatması sizi incittiği kadar sizin yalan söylemeniz ve aldatmanız da başkalarını incitir. Böyle şeyler herkesi incitir. Çözüm ise başkalarının uzak durmasını beklemekten önce, sizin bunlardan uzak durmanız gerekmektedir.

Her türlü yalandan, aldatmadan ve siyasi oyunlardan uzak durmanız ve yaşamınızı gerçek ve dürüstlük üzerine kurmanız sizin ve aileniz için çok huzur verici olacaktır. Bu herkese bir emniyet duygusu sağlayacaktır. Bunun için yalanı, aldatmayı ve blöfü desteklemeyen aksine yüreğinizdeki köklerini bilgi aracığıyla kesip sizi özgür kılan bir inancı takip etmelisiniz.

Bir önceki konuşmamda numara yapmanın, yalan söylemenin, aldatmanın ve siyasi oyunların nasıl İslam'da kökleri olduğunu ve bunların Müslüman uluslara İslam'ın yükselişinden beri nasıl da pahalıya mal olduğundan bahsetmiştim.

Siyasi oyunlardan kendinizi korumanın yolu

İslami siyasetin bir parçası olan, böyle ahlâk dışı şeylerden kendinizi nasıl koruyabilirsiniz? Koruyamazsınız, çünkü İslam bunların hayatın her alanına nüfuz etmesine izin vermektedir. Kur'an Allah'ın saptıranların en hayırlısı olduğunu bildirmektedir. Allah'ın kendisi bunları kullandığından dolayı, Müslümanların kendi aldatmalarını ve yalanlarını doğrulamalarına ve bunların makbul olduklarını düşünmelerine yol açmaktadır.

Yalanın, aldatmanın, blöfün ve diğer her ahlaklı olmayan oyunların her yerde ve kendi ailenizde bile esenliğe ve huzura bariyer olduğunu hiç düşündünüz mü? Kimi aldatırsanız aldatın, büyük olasılıkla bu insanın da benzer bahaneler ve güdülerle tepki vermesine neden olacaksınızdır. Her ikiniz de birbirinize olan güveninizi yitireceksinizdir. Elbette güven eksikliği huzursuzluk ve refahsızlık demektir. Bundan dolayı huzur, refah ve gerçek sevgi ailelerde noksandır, çünkü aldatma ve yalanlar güveni yok etmiştir. Bu ailelerin üyeleri aldatmayı ve aldatma ile nasıl yaşayacaklarını öğrenmişlerdir. Kocalar ve hanımları, ebeveynler ve çocuklar nasıl ve nerede ustalıkla yalan söylemeyi ve aldatmayı öğrenmişlerdir. Bu çok üzücü değil midir?

Anavatanımda üniversitede okurken bir hukuk profesörünün söylediği bir yorumu asla unutmam. Ciddi bir şekilde demişti ki "Rüşvet vermenin neden yasal olmadığını merak ediyorum ne de olsa herkes rüşvet veriyor." Ayrıca, "Neden en çok uyguladığımız günlük ahlâkımızı başkalarına göstermiyoruz ve onlara, hayatlarımızda yalanın ve aldatmanın olmadığı tek bir günün geçmediğini açıkça söylemiyoruz" demişti.

Bu bütün İslami ülkelerin hakikatidir. Hepsinde yaşam, ahlaklı olmayan İslami davranış kuralları tarafından etkilenmiştir ve çoğu insan yalan ve aldatmayı ilişkilerinde kullanmayı umursamamaktadır. Birinin basitçe dediği gibi: "Birbirimize önce kardeş der, ardından birbirimizi aldatırız."

Karanlık değerlerin üstesinden gelmek ve özgür olmak için gereken cesaret

Toplumlarındaki ve kültürlerindeki karanlık noktaları gören, bunları açığa çıkarma cesareti olan ve bu zincirleri kırmak üzere çözüm için haykıran erkeklerin ve bayanların yiğitliğine yürekten hayranım. Böyle insanlar büyük olasılıkla İslam'ı terk edip kendileri için daha iyi bir yol bulurlar.

Böyle bir nahoş yaşamdan özgür olmak ve herkesin yararlanabileceği bir tepedeki lambanın ışığı gibi ışıkta yürümemiz ümit verici olmaz mı? Herkes – siz, aileniz ve başkaları. Yalanları ve aldatmayı destekleyen karanlığın bir modeli olmaktansa aydınlığın bir modeli olmak ölçülemez derecede ferahlatıcı ve huzur vericidir. Yaşamınızın değişip "Ah, işte şimdi özgürüm. Evetim gerçekten evet şimdi, hayırım gerçekten hayır. Sözlerimi çarpıtmama gerek yok artık. Çünkü ışık benim modelim şimdi, karanlık değil" diyebildiğiniz an harika bir an olacaktır. Gerçek inancın sizin için yaptığı da budur. Size aldatmayı ve yalan söylemeyi öğretmez, ayrıca yüreğinizdeki bunların köklerini kesip atar ve sizi göksel bir varlık yapar, göksel bir prens ve prenses. Evet, göksel bir varlık. İşte o zaman gerçek Tanrı ile yürüyebilir, insanlar arasında O'nun temsilcisi olarak parlayabilir ve onlar için birer ışık olabilirsiniz.

İslam blöflerden, yalanlardan, aldatma ve siyasi oyunlardan özgürlüğe bariyerdir

İslam'ın Tanrı ile yürümenize bariyer olduğuna %100 eminim. Ben bunun için İslam'ı terk ettim ve İsa Mesih'in bir takipçisi oldum. Kendi ailemde ve başkalarıyla ilişkilerimde esenlik sahibi olmak istedim, ama İslam Takiyesi veya elverişli yalanıyla ve aldatmasıyla buna bariyerdi. Hayatımda İslam'ı uygulamak istemediğimin farkına vardığım bir an oldu. Bunu, İslami cezalardan dolayı kendi karımla, akrabalarımla, dostlarımla ve başkalarıyla paylaşmaya cesaret edemedim. İslam sizinle zincirli bir insan gibi ilgilenir. İslam özgürlüğe inanmaz ve sizin onu terk etmenize izin vermez. İki seçiminiz vardır; itiraf et ve öl veya yalan söyle ve yaşa. Yalan söyleyip yaşamak çok popüler olduğundan, siz de çoğu liderler ve insanlar gibi olursunuz, yalan söyler ve yaşarsınız. Ama beni esenlikten ve huzurdan koparan İslam'dan kendimi özgür kılmak için bir yol bulmamın gerektiğinin farkına vardığım anda talih kapımı çaldı. İçten içe esenliğe ve huzura susamıştım. Bu susamışlık, esenlik ve huzura ulaşabilmem için yüreğimdeki İslami baskıları aşmama yönlendirdi.

İsterseniz özgür olabilirsiniz

Biliyorsunuz, dünyalara sahip olsanız ama yüreğinizde esenlik ve huzur olmazsa, kendinizi hiçbir şeye sahip değilmiş gibi hissedersiniz. İşte o zaman, bir şey yapıp yaşamınıza esenlik getirebilmek için harekete geçersiniz. Farsça'da bir deyimimiz vardır ve şu anlama gelir: "İstersen olabilir". Diğer bir deyişle, bir şeyi arzu eder, ona doğru adım atsanız, ona erişebilirsiniz. Esenliğe ve refaha doğru ben de adımlar attım, ama esasında onlar bana koştu. Karışık olan hayatınızdan çıkıp esenliğe doğru bir adım atsanız, Esenlik Önderi İsa size doğru yüz adım atar. Bana olan da buydu. İsa Mesih'in ve Müjdesinin yaşamıma ışık olmasına izin vermeme vahim bir şekilde ihtiyacım vardı. Müjde 1. Yuhanna kitabının 2. kısmının 21. ayetinde hiçbir yalanın gerçekle ilgisi olmadığını söyler. Bunu okuyunca fark ettim ki yalan söylemeyi ve aldatmayı meşrulaştırdığından dolayı İslam gerçeğe ait olamaz. Bunlar gerçeğin olamaz ve huzurlu ilişkilerin düşmanlarıdır. Peygamber Süleyman, Özdeyişler kitabının 12. kısmının 22. ayetinde der ki: RAB yalancı dudaklardan iğrenir, ama gerçeğe uyananlardan hoşnut kalır. Gerçek Tanrı blöflerden, yalanlardan ve siyasi oyunlardan nefret eder. Niçin mi? Çünkü bunlar siz ile Tanrı, siz ve başkaları arasındaki esenliği ve refahı yok eder.

Tanrı'nın sizden hoşnut kalmasını arzu ediyor musunuz?

Sadece kendi yüreğimde, ailemde ve başkalarıyla olan ilişkilerimde esenlik arzu etmekle kalmadım, ayrıca Tanrı ile esenlik içinde olmak istiyordum. Peygamber Süleyman'ın dediği gibi işte o zaman Tanrı benden hoşnut kalacaktı.

Bir Müslüman olarak kalmaya devam etseydim bunların hiç biri bana olmayacaktı. Hâlbuki bunların hepsi yüreğimi İsa'ya verdikten sonra yaşamımın bir parçası oldu. İsa Mesih'in ışığı içimdeki zarar verici şeyleri açığa çıkarıp köklerini kazıdı ve beni mutlak sevginin, kutsallığın, esenliğin ve refahın kaynağına yönlendirdi.

Yaşamımdaki değişim karımı da şaşırttı ve onu İsa Mesih'in Müjdesini okumaya teşvik etti. Sonuç olarak, o da yüreğini İsa'ya verdi. İslam'ın varlığı ile ve İsa'nın varlığı olmadan, huzurlu bir evliliğe sahip olmanın imkânsız olduğunu keşfetti. Müjde'yi okuyarak daha birçok şey ona açığa vuruldu. Mesela, İsa'nın bir erkeğin sadece bir karısı olması gerektiğini, kocaların ve karılarının birbirlerini kendi bedenleri gibi sevmeleri gerektiğini söylediğini keşfetti. Dedi ki "Bu harika, bir karı ve bir koca." Çok sevdi. Her şey ona belirginleşti. Anladı ki kocalar ve karıları, devletler ve insanlar yalanları ve aldatmayı destekleyen bir inancı takip ederek birbirleriyle asla esenlik içinde olamazlar. İslam'ı terk etti ve İsa Mesih'i takip etmeye başladı.

Sizin de yüreğinizin derinliğinde esenlik ve huzur arzusu olduğundan bir şüphe yoktur. Durum buysa, bu arzunun eyleme dönmesine izin vermeniz, yaşamınıza huzur getirmeniz ve yaşamınızdan sıkıntı aracılarını kaldırmanız gerekmektedir. Bunun için İsa Mesih'i takip etmelisiniz. Ondan başka kimse size gerçek esenlik ve refah sağlayamaz.

Değerlendirme Zamanı 19

1. Sizce blöf yapmak, yalan söylemek ve aldatmak başkalarının haklarını ve özgürlüklerini suistimal etmek değil midir?

2. Başkalarını aldatırsak bu, kendi yaşamlarımızı ve ailelerimizin yaşamlarını etkiler mi? Ne şekilde etkiler?

3. Dininiz blöfleri, yalan söylemeyi ve aldatmayı hoş görüyorsa, bunlardan kendinizi ve ailenizi korumak ne kadar zor olacaktır? Bu durumda özgür olmanız için en iyi yol nedir?

4. İsa Mesih'in Müjdesi hiçbir yalanın gerçekle ilgisi olmadığını söyler. Bu sizce ruhani ve mantıksal anlamda ne demektir?

5. Dürüst öğretilerinden dolayı İsa'yı ne şekilde onurlandırabiliriz?

İsa'nın Dışında Kurtuluş Yoktur

İsa Mesih'in Müjdesi Elçilerin İşleri kitabının 4. kısmının 10'dan 12'ye kadar olan ayetlerinde İsa Mesih'in adından başka bizi kurtarabilecek bir adın olmadığını söylemektedir. Diğer bir deyişle, bütün dünyada, sizi günahtan ve Şeytan'dan kurtarabilecek ve size ebedi yaşam verebilecek İsa Mesih'in Kendisinden başka ne bir insan, ne bir melek, ne bir din ne herhangi bir dini uygulama, gelenek veya âdet vardır.

İsa sizi nasıl kurtarabilir?

Sizi, Şeytan'ı galip edebilecek tanrısal güce sahip Olandan veya Tanrı'dan başka kim gerçekten kurtarabilir? O, sizi Şeytan'ın esaretinden özgür kılabilir ve dahası sizi Şeytan'ın dokunuşundan ve acılarından uzağa; emniyete getirebilir. İsa Tanrı değilse sizi nasıl kurtarabilir? Müjde, İsa'nın Tanrı olduğunu ve insanlığın Kurtarıcısının bu dünyaya Tanrı'nın Söz'ü, Ruh'u ve Tanrı'nın Kendisini dışavurumu olarak yaşamak için gelen İsa Mesih'ten başka kimse olamayacağını söylemektedir.

Adı "Tanrı bizimle" anlamına gelen İmmanuel olan sadece O'dur. Adı ayrıca Kurtarıcı anlamına gelen İsa'dır. O'na ayrıca bir tek kutsanmış, kurtarma görevine ve tanrısal otoriteye sahip olan Mesih de denilir. Müjde'nin insanların akıllarını, yüreklerini ve vicdanlarını İsa'yı takip etmeleri için ikna etmek üzere olan iddialarının arkasında ruhani ve mantıksal nedenler var mıdır? Müjde İsa'nın Tanrı'nın Kendisi olduğunu kanıtlayabilir mi ve insanların kurtarılıp cennete ulaşmalarına yol açabilir mi?

İsa hakkındaki peygamberlik sözleri ve bunların yerine gelmeleri

Müjde'nin nedenlerini açığa çıkarmadan önce size yüzyıllar önce İsa hakkında söylenen peygamberlik sözlerinden bazılarını paylaşmama izin veriniz. Peygamberlerin İsa'dan önce O'nun hakkında söyledikleri 300'den fazla peygamberlik sözü vardır. Müjde, bu peygamberlerin İsa Mesih hakkındaki inancının özetini Elçilerin İşleri kitabının 10. kısmının 43. ayetinde vermektedir: "Peygamberlerin hepsi O'nunla ilgili tanıklıkta bulunuyorlar. Şöyle ki, O'na inanan herkesin günahları O'nun adıyla bağışlanır."

Bu peygamberlik sözleri yüksek derecede hayret edicidir. İsa'dan 1200 ile 400 yıl önce söylenip hepsi doğumundan cennete yükselişine kadar İsa tarafından gerçekleştirilmiştir. Bunlardan sadece birkaç tanesine değineceğim.

İsa Mesih'in doğumundan yaklaşık yedi yüz yıl önce, peygamber Yeşaya İsa Mesih hakkında peygamberlik sözünde bulunup demiştir ki: Bundan ötürü Rab›bin kendisi size bir belirti verecek: İşte, kız gebe kalıp bir oğul doğuracak; adını İmmanuel koyacak (Yeşaya 7:14). İmmanuel Tanrı bizimle demektir.

Yeşaya yeniden peygamberlik sözünde bulunmuştur (Yeşaya 9:6-7): Çünkü bize bir çocuk doğacak, Bize bir oğul verilecek. Yönetim onun omuzlarında olacak. Onun adı Harika Öğütçü, Güçlü Tanrı, Ebedi Baba, Esenlik Önderi olacak. Davut'un tahtı ve ülkesi üzerinde egemenlik sürecek. Egemenliğinin ve esenliğinin büyümesi son bulmayacak. Egemenliğini adaletle, doğrulukla kuracak ve sonsuza dek sürdürecek. Her Şeye Egemen RAB'bin gayreti bunu sağlayacak.

Peygamber Davut'un Mezmurlar 45'in 6. ayetinde İsa hakkında ne dediğine bakınız: "Ey Tanrı, tahtın sonsuzluklar boyunca kalıcıdır, Krallığının asası adalet asasıdır."

Yani İsa'dan yüzyıllar önce Kutsal Kitap'ın peygamberleri Tanrı'nın Kendisini insanlara erişmek ve onlarla yakın ilişki kurmak için insan olarak açığa vurma arzusunu görmüşlerdir. İnsanların yüreklerindeki Şeytan'ın egemenliğini yok edip, şimdiden sonuna kadar yüreklerine cennetin egemenliğini kurmak için Tanrı'nın bütün doluluğunu İsa Mesih'in bedeniyle açığa vuracağına inanmışlardır.

Gelecek olaylar akıllarından görümler olarak geçtikçe, gözlerini Tanrı'nın dünyada Kendisini İsa'da açığa vurup savaşın ve nefretin yerine sevgi, neşe ve esenlik kuracağı görkemli günlerden ayırmadılar. İsa Mesih'i, karanlığın imparatorluğunu devirip dünyayı aydınlatan O'nun sonsuz İlahiliğini ve Esenlik Önderliğini gördüler. O'nun ruhani devletinin, cennetteki ve dünyadaki kimsenin deviremeyeceği emniyetli bir şekilde kurulduğunu gördüler. Bu nedenle peygamber Yeşaya şunu demiştir: "Egemenliğinin ve esenliğinin büyümesi son bulmayacak." Bunun için Kız'dan doğan Çocuğa egemen Rab denileceğini söylemiştir.

İnsanlar bu peygamberlik sözlerini duymuş ve Tanrı'nın gelip aralarında yaşamasını ve onları bütün acılarından kurtarmasını hep beklemişlerdir. İsa doğduğunda Tanrı'nın bütün niteliklerini O'nda görmüşlerdir. Denizdeki fırtınayı dindirdiğini görmüşlerdir. Ölüleri canlandırdığını, körlerin gözlerini açtığını, felçlileri iyileştirdiğini ve her türlü hastalığı dindirdiğini görmüşlerdir. O'nu görmüş olanın göklerdeki Baba'yı görmüş olduğunu bile iddia etmiştir.

Tanrı'nın bütün doluluğu İsa'da bulunmaktadır

Müjde İbraniler kitabının 1. kısmının 3. ayetinde der ki: Oğul (İsa), Tanrı yüceliğinin parıltısı, O'nun varlığının öz görünümüdür. Güçlü sözüyle her şeyi devam ettirir. İbraniler kitabının aynı kısmında 8. ayet Peygamber Davut'un İsa hakkında söylediğini onaylamaktadır: "Ey Tanrı, tahtın sonsuzluklar boyunca kalıcıdır, Egemenliğinin asası adalet asasıdır."

Müjde ayrıca Koloseliler kitabının 1. kısmının 19. ayetinde Tanrı'nın bütün doluluğunun İsa Mesih'te bulunduğunu söylemektedir. Diğer bir deyişle, İsa Tanrı'dır ve her şeyi yapmaya gücü yeter ve yapamayacağı hiçbir şey yoktur. İsa Mesih'in Elçi'si Pavlus Müjde'deki Filipililere olan mektubunun 4.

kısmının 13. ayetinde şunu der: "Beni güçlendirenin aracılığıyla her şeyi yapabilirim."

İnsanların kurtuluşu için Tanrı Kendisini İsa'da açığa vurmuştur

Kutsal Kitap'ın başından sonuna kadar olan bütün hikâye Tanrı'nın tek Kurtarıcı olduğu ve Kendisini insanları kurtarmak, Şeytan'a karşı onlara zafer kazandırmak ve onları cennete yönlendirmek için İsa'da açığa vurduğu inancına dayanır.

Tanrı'nın varlığına inanıyorsanız, Tanrı'nın yüce olduğuna ve insanları Şeytan'ın esaretinden ve her türlü ruhani ve fiziksel zincirlerden kurtarabileceğine de inanmanız gerekir. Ayrıca Yaratılışın Tanrı'nın Kendisini kişisel olarak Âdem ve Havva'ya açığa çıkarmasını gerektirdiği gibi kurtuluşun da insanları kurtarmak ve devamlı olarak ilgilenmesi için Tanrı'nın kişisel açığa çıkarışını ve dokunuşunu gerektirdiğine de inanmalısınız. Bu nedenle, Tanrı'nın yüreğinizin tahtına kişisel olarak oturmasına ve yüreğinizi tamamıyla doldurmasına izin vermelisiniz ki Şeytan'ın yüreğinizde yerleşip sizi rahatsız etmesine hiçbir yer kalmasın. Ne Tanrı Şeytan'a ne de Şeytan Tanrı'ya yer vermek ister. Birbirlerinden hoşlanmazlar ve bir yürekte beraber yaşamayı asla istemezler.

Bundan dolayı, ya Tanrı yaşamalı yüreğinizde ya Şeytan. Eğer Şeytan yaşarsa yüreğinizde, bu ne Tanrı'yı tanıdığınızın, ne kurtarıldığınızın ne de kurtarılış teminatına sahip olduğunuz anlamına gelir.

Ama eğer Tanrı'nın yüreğinizde yaşamasına izin verirseniz, o zaman Tanrı'ya ve O'nun cennetine ait olacaksınız ve sonsuza dek kurtuluş teminatına sahip olacaksınızdır. Bunun için Tanrı'nın İsa Mesih'te açığa çıkması yaşamlarımızda çok önemlidir. Tanrı kişisel olarak kurtuluşumuz için olan planını uygulamak üzere Kendisini bizlere açığa çıkarmadıkça ve Şeytan'ın yüreklerimizdeki egemenliğini yıkmadıkça, kimse bizleri Şeytan'ın ellerinden kurtaramaz.

Tanrı Şeytan'ın yüreklerimizdeki egemenliğini nasıl yıkar ve planını yaşamlarımızda hangi yollarla uygular?

Size ilk önce Şeytan'ın egemenliğinin nasıl geliştiğini anlatayım ki onun çöküşünü anlamanız kolay olsun. Şeytan'ın her kazandığı ve esir ettiği can, kendi egemenliğinin gelişimine sebep olur. Benzer şekilde, onun egemenliğinden çıkıp Tanrı ile birleşen her insan Şeytan'ın egemenliğinin yıkımına sebep olur. Diğer bir deyişle, kurtulmadıysanız ve kurtuluş teminatınız yoksa Şeytan'ın egemenliğini geliştireceksinizdir. Ama İsa'nın sizi kurtarmasına, size teminat vermesine ve kimliğinizi göksel bir kimlik yapmasına izin verirseniz, Şeytan'ın egemenliğini yıkacaksınızdır.

Şeytan'ı İsa olmadan mağlup etmek imkânsızdır. Şeytan, aldatmanın ve yalanların efendisi olduğuna göre sizi tuzağa düşürmek için görünüşte iyi yollarla ve hatta sahte peygamber olarak bile, mümkün olan her yolda kendisini açığa çıkarır. Yaşamınızda iyi bir model yoksa aldatılmanız daha da muhtemeldir.

Bunun için Tanrı'nın İsa Mesih'te açığa vuruluşunun bizler için çok önemli olduğunu sizlere söyledim.

İsa'daki Tanrı haricinde kimse bizler için en iyi yaşam modeli olamaz. İnsanlık arasında, herkes Şeytan'a boyun eğip günah işlemiştir. İslam'ın peygamberi Muhammed bile A'râf Suresi'nin (7) 188. ayetinde Şeytan'ın ona dokunduğunu ve günah işlemesine neden olduğunu söylemektedir. Herkes kanunsuzlukta bulunmuş, başkalarının haklarını görmezden gelmiş ve bilerek veya bilmeyerek Şeytan'ın amacına hizmet etmiştir. Günahkâr insanlar iyi rol modeli olamazlar. Sadece günahsız olan ve Kendisini günahsız İsa olarak açığa vuran Tanrı bizim iyi rol modelimiz olabilir. Bizleri ister felsefi, öğretisel, toplumsal, siyasi veya ahlaki olsun yaşamın her alanında muzaffer kılabilecek en iyi rol modelinin niteliklerini anlayabilmemiz için Tanrı İsa'nın bedeninde bizlere görünmüştür.

İsa, en iyi modeli bu dünyadaki yaşamıyla göstermiş ve Müjde'de kayıtlı olan eylemleri ile kanıtlamıştır. Bizlere felsefi olarak, Tanrı'nın, diğer dinlerin aksine, Kendisini asla gizlemediğini ve her zaman erişilebilir olduğunu ve yüreklerimizde oturup planı bizim ölümümüz olan Şeytan'a karşı arkamızda durduğunu öğretmektedir. Ayrıca öğretisel olarak bizlere Tanrı'nın kutsal, adil, sevecen, iyi, esenlik-seven Tanrı olduğunu ve asla Şeytan'la işbirliği yapmayacağını öğretmektedir. Oysaki Kur'an'da Cin Suresi'nin (72) başındaki ayetlerinde İslam'ın tanrısının kendi dini olan İslam'ı yaymak için cinleri kullandığını görmüştük.

İsa'nın dünyadaki yaşamı ve öğretileri Şeytan ile işbirliği yapan herhangi bir insanın veya tanrının gerçeğe ait olamayacağını ve insanları kurtarmaya gücü yetemeyeceğini açıkça kanıtlamıştır. Bu nedenle insanlar gerçek Kurtarıcıyı aramalılardır. İsa ayrıca toplumsal, ahlaksal ve siyasi olarak en iyi modelin bizleri sevgi, sevinç, esenlik, sabır, nezaket, iyilik, bağlılık, yumuşak huyluluk ve özdenetim ile dolu ilişkilere yönlendirdiğini öğretmektedir. Bu değerlere sırt çeviren her kimse insanları kurtuluşa veya Tanrı ile birliğe yönlendiremez. Böylece, bizi kurtaracak cennette veya dünyada İsa Mesih'in adından başka bir adın neden olmadığını şimdi her yönüyle anlıyorsunuz. Bunun için Müjde bizlere der ki: Mesih İsa kaybolanı arayıp kurtarmak için geldi (Luka 19:10).

Kaybolanlar kurtarılmamış, kurtuluş teminatı olmayanlar ve Şeytan'ın komplolarına ve dokunuşlarına maruz kalanlardır. Şeytan'ın bizlere dokunamayacağı ve bizleri saptıramayacağı tek zaman bizlerin cennetin egemenliğine ait olup, İsa Mesih'in Ruhu'nun liderliği altında korunduğumuz zamandır. Dünyada çoğu insan bir dini sadece aileleri veya akrabaları takip ettikleri için takip etmektedirler. Dinlerinin onlara Tanrı'yı gösteremeyeceğini ve dolayısıyla Tanrı'nın onları Şeytan'a ve günaha karşı kanatları altında koruyabilmesi için Tanrı'yı açığa çıkaramayacağını bilmezler. Hâlbuki Tanrı'nın bizler için olan arzusu bizlerin gerçek olduğunu bildiğimiz, doğruluğu için nedenleri olan, bizi kurtarıp cennete olan doğruluk yolunda yönlendirebilecek bir inancı takip etmemizdir.

Gözlerimin açıldığı ve Tanrı ile olan kişisel ilişkimin her şeyden daha önemli olduğunun farkına vardığım için çok memnun ve talihliyim. Böylece kendimi, kurtuluşum için Tanrı'nın arzusuna uydum, en iyi modeli aradım ve İsa'yı buldum. İsa'nın en iyi Yol, Gerçek'in kaynağı ve Yaşam olduğuna dair harika nedenler buldum. İnsanları kurtarabilecek tek Kişi O'dur. Ve yaşamımı O'na verdim. Siz de benimle aynısını yapıp güveninizi O'na koyabilirsiniz. O sizi de kurtarabilir.

Değerlendirme Zamanı 20

1. İnsanlar Tanrı'nın her yerde olduğuna inanır. Öyleyse, Tanrı'nın siz neredeyseniz orada Kendisini açığa çıkarabileceğini düşünmüyor musunuz?

2. Tanrı açığa çıkaran Tanrı ise, Tanrı'yı görenlerin tanıklıklarına inanmamızı ne durdurabilir?

3. Tanrı insanoğlunu Kendi kişisel dokunuşu ve nefesiyle yarattı, kurtuluşta (ruhani yenilikte) da Tanrı'nın kişisel dokunuşuna ihtiyaç olduğunu düşünmüyor musunuz?

4. Tanrı tarafından kişisel olarak kucaklanıp kurtarılmak iyi bir şey değil midir?

5. Musa Tanrı'nın Kendisini ona ateş gibi gösterdiğini söylemiştir. Ayrıca Tanrı ile yüz yüze konuşmuştur da. Müjde Tanrı'nın Kendisini dünyayı kurtarmak için İsa'da gösterdiğini söylemektedir. Siz ne düşünüyorsunuz, Tanrı Kendisini arzu ettiği her hangi şekilde gösteremez mi?

6. İnsanları kurtarmak için Tanrı'nın buna kişisel olarak dâhil olması (esasında insan bedeninde gelmesine) Tanrı için neden önemlidir?

7. Diğer bütün dinler insanların kurtuluşlarını insanların kendi gayretlerine bırakmaktadır, ama Müjde sadece Tanrı'nın kurtarabileceğini söylemektedir. Hangi kurtuluş daha güvenilirdir – insandan olan mı yoksa Tanrı'dan olan mı?

8. Tanrı tarafından kurtarılmayı arzu ediyorsanız, o zaman İsa Mesih'i takip etmelisiniz ki sadece Mesih İsa'daki inançta Tanrı Kurtarıcıdır.

İsa Yol, Gerçek ve Yaşam'dır

İsa Müjde'de der ki: Yol, Gerçek ve Yaşam Ben'im; Benim aracılığım olmadan Baba'ya kimse gelemez (Yuhanna 14:6).

Tanrı'ya inanan bütün insanlar, Tanrı ile sonsuza dek beraber olma teminatına sahip olmayı severler. İsa, kimsenin daha önce veremediği bu rahatlatıcı teminatı insanlara vermektedir. İsa diyor ki O Yol'dur ve insanları sonsuza dek cennete alabilecek güçtedir.

İsa Cennete giden Yol'dur

İsa burada bunu veya şunu yaparsanız cennete gidebilirsiniz diyen bir peygamber gibi konuşmamaktadır. Kendisinin cennete giden Yol olduğunu söylemektedir. İmanını O'na koyan her kimse kesinlikle cennete girecektir. Yani, İsa takipçilerine cennetin yolunu tarif edip bundan fazlasını yapamayan peygamberler gibi değildir. Bunun yerine, O cennete yükselişini sergilemiştir. Öğrencileri ve yüzlercesi, İsa'nın bu hayattan cennete yükseldiğini görmüşlerdir ve Kendisinin olduğu cennete takipçilerini de alacağını söyleyen İsa'ya inanmışlardır. Bu nedenle, İsa Yol'dur. Cennete ve Tanrı'ya erişip ebediyen kurtulmak istiyorsak sizler ve ben güvenimizi O'na koymalıyız.

İyi haber vermek isteyen kişinin, böyle bir iyi haberin örneği olması gerektiğini biliyor muydunuz? İslam'ın peygamberi cennete gidebileceğinizi söylemiştir, hâlbuki kendisi ne cennete gideceğinden emindi ne de İsa'nın gösterdiği gibi cennete yükselişini sergileyebilmiştir.

Muhammed öldükten sonra, takipçileri gömme işlemini ertelemişlerdir. Onun tozun altına gömülmeyi hak etmediğine inanmışlar; İsa gibi cennete yükselişini beklemişlerdir. Bunun gerçekleşmemesinin sonucunda, haleflerinden bir tanesi halkı Muhammed'in kendileri gibi olduğuna ve onlar gibi ölümü tecrübe etmesi gerektiğine inandırmıştır. Diğer bir deyişle, Muhammed, ölümden dirilip cennete yükselen İsa gibi değildi.

Kimse İsa gibi değildir. O, ölümü yendi ve şimdi cennetin tahtında oturuyor ve O'nu takip etmeye karar verirsek, sizleri ve beni göksel yapabilme gücüne sahiptir.

İsa ayrıca "Gerçek'im" demiştir

İsa'nın bu iddiasını Gerçek nedir kavramazsak anlayamayız. Gerçek, herşeyin olduğu gibi gösterimidir. Gerçek asla bir şeylerin sahte görüntüsüne tahammül etmez. Örneğin gerçek, Tanrı'yı O'nun doğası gereği adil ve kutsal olduğundan ötürü, yalan söylemeyen veya aldatmayan olan Biri olarak tanımlar.

İsa ve Müjdesi Tanrı'ya asla yalancı veya saptıran dememiştir, ama Muhammed Kur'an'ında Tanrı'nın saptıranların en hayırlısı olduğunu ve bazı durumlarda yalan söylemeye tasdik verdiğini söylemektedir. Bir önceki konuşmalarımda sizlere İslam'ın gelişmesi için yalanın ve aldatmanın ahlaka uygun olarak kabul edildiğine dair Kur'an'dan referanslar vermiştim.

İslam'da muhalefetin veya gayrimüslimin hayatını mahvetmek için yalancı şahitlikte bulunabilmenize izin verilmektedir.

Bunlar, İsa Mesih'in Müjdesinde kesinlikle yasaktır. Düşmanınız dâhil hiç kimse hakkında yalan söylemenize veya yalancı şahitlikte bulunmanıza izin yoktur, çünkü Gerçek asla yalanı desteklemez. Müjde Yakup kitabının 3. kısmının 10'dan 12'ye olan ayetlerinde der ki: Övgü ve sövgü aynı ağızdan çıkar. Kardeşlerim, bu böyle olmamalı. Bir pınar aynı gözden tatlı ve acı su akıtır mı? Kardeşlerim, incir ağacı zeytin ya da asma incir verebilir mi? Bunun gibi, tuzlu su kaynağı tatlı su veremez. Benzer şekilde, eğer Gerçek yüreklerimizdeki pınar ise, dillerimiz de o zaman gerçeği konuşmalıdır. Ama yalan söylersek veya aldatırsak, bu kötülüğün yüreklerimizin pınarı olduğu anlamına gelir, gerçeğin değil.

Tanrı'nın dudakları da Yüreğinden konuşur. O'nun yüreği mutlak Gerçek'in yeridir. Tanrı'nın yüreğinde yalanın veya aldatmanın hiç bir kökü yoktur ve bunun için O, asla yalan söylemez yahut saptırmaz, hiç kimseye de yalan söylemesi veya aldatması için talimat vermez. Bu nedenle, Tanrı'ya yalancılık ve aldatıcılık atfeden her hangi bir peygamber veya din, ne unsurla olursa olsun, Tanrı'dan veya Gerçek'e ait olamaz.

İsa Mesih'in dünyadaki yaşamı, hiçbir yalan ve aldatma olmadan Tanrı'nın gerçeğinin mükemmel bir şekilde açığa vuruluşudur. O'nun Müjdesi de her türlü yalanı ve aldatmayı hatta elverişli olanları bile reddeder. Bu nedenle, İsa Gerçek'in Kendisi olduğu iddiasında haklıdır. Her hangi bir yalanı veya aldatmayı Tanrı'ya atfetmez, kimseyi yalan söylemesi veya aldatması için teşvik etmez ve O'nun sözlerinde ve eylemlerinde hiçbir yalan veya aldatma yoktur. O gerçeğin kaynağıdır ve O'nun dünyadaki dürüst yaşamı, bizim O'na şimdi ve sonsuza dek güvenmemiz için temel nedendir.

İsa ayrıca "Yaşam'ım" demiştir

Müjde Yuhanna kitabının 1. kısmının 4. ayetinde İsa'nın Yaşam olduğunu ve yaşamın insanların ışığı olduğunu söylemektedir. O'nun yaşamı öyle bir yaşam ki insanlara ebedi yaşam verir, onlara göksel ışık yansıtır ve onları cennete yönlendirir. İsa Müjde'de Yuhanna kitabının 5. kısmının 25. ayetinde der ki: Size doğrusunu söyleyeyim, ölülerin Tanrı Oğlu'nun sesini işitecekleri ve işitenlerin yaşayacakları saat geliyor, geldi bile. İsa ölüyü diriltti ve canlıların yüreklerine dokunup onlara ebedi yaşam verdi. Yaşam-veren olduğu iddiasını insanlar arasında kanıtladı.

İsa'nın işi insanları bir peygamber gibi sadece yönlendirmek değildir, ama ayrıca insanların yüreklerini günahtan temizlemek, yüreklerini yenilemek ve onlara ilk önce ebedi yaşam verip ardından onları gerçekte, kutsallıkta, adillikte, esenlikte ve sevgide yönlendirmektir. Bir yürek ilk önce temizlenip yenilenmeden, yönlendirilemez. Ayrıca, Kendisi yaşam ve yaşamın kaynağı olmadan hiç kimse bir yüreği temizleyip yenileyemez ve gerçekte rehber olamaz. İşte İsa bu kişidir. Yaşam ve yaşam kaynağı olduğu gibi, Yaşam verendir de. Böylece, İsa cennete Yol'dur. Tanrı'yı açığa çıkarmak ve O'nu günlük yaşamlarımızda erişebilir kılmak üzere olan tek Yol'dur.

İsa Mesih'in Yolunda Tanrı ile insanlar arasında hiçbir perde yoktur.

İsa Mesih'te insanlar Tanrı ile olabilir, O'nunla konuşabilir veya Sesini direkt olarak duyabilir ve O'nunla birleşebilir. Ama Kur'an Şura Suresi'nin (42) 51. ayetinde Muhammed ile tanrısı arasında perde olduğunu ve İslam'ın tanrısının kimseyle direkt olarak konuşmadığını söylemektedir. İşte burada vicdanınızın Muhammed'in ve İsa'nın yolları arasında doğru kararı vermesine izin vermelisiniz. Muhammed, Tanrı ile olan yolunda her zaman onun ve Tanrı'nın arasında perde olduğunu öğretirken, böyle bir bariyer İsa'nın yolunda yoktur. Bu nedenle İsa cennete olan doğru Yol'dur.

İkincisi, Kur'an'a göre İsa zaten cennettedir ama Muhammed değildir. Cennette Olan'ın, doğru Rehber ve cennete giden Yol olabileceği çok aşikârdır.

Üçüncüsü, sadece göksel erkek ve bayanlar Tanrı ile olabilir ve O'na erişebilir. İsa'yı takip ederseniz, sizler de O'nun gibi göksel olup Tanrı ile sonsuza dek olabilirsiniz. Bunun için İsa Mesih, Tanrı'yı Müslümanlara ve diğer herkese tanıtmak için olan umuttur.

İsa, Müslümanları Tanrı ile birleştirmek için olan umuttur. İsa, Müslümanların Şeytanı mağlup etmeleri ve yargı gününde özgür olmaları için olan tek umuttur. İsa Müslümanları göksel yapmak için olan umuttur.

Güveninizi İsa'ya koyunuz ve kurtuluşun ebedi neşesini sizler de alınız.

Konuşmalarımın başından sonuna kadar olan sabrınız için çok teşekkür ederim. Umut ve dua ediyorum ki konuşmalarım sizlere yardımcı olmuş ve olacaktır. Tanrı sizleri bereketlesin.

Değerlendirme Zamanı 21

1. İsa'yı peygamberden farklı kılan nedir?

2. İsa Kendisinin cennete Yol olduğunu söylemiştir. Bu iddiasına hiçbir kanıt var mıdır?

3. İsa Cennettendir, şimdi Cennettedir, Cennete olan Yolu bilir ve bizleri Cennete yönlendirebilir. Güveninizi şimdi O'na koymanızı durduran bir şey var mı?

4. İsa ayrıca Kendisinin Gerçek olduğunu söylemiştir. O'nun dünyadaki yaşamı bu iddiasını kanıtlar mı?

5. İsa Gerçek ise, sizin O'nu doğru rol modeliniz olarak kabul etmeniz iyi olmaz mı?

6. Tanrı'nın yaşam veren Ruh'u Bakire Meryem'in üzerine gelmiş ve tamamıyla kutsal ve dolayısıyla yaşam veren Oğul doğmuştur. Bunun için İsa ebedi Yaşam ve yaşamın kaynağı ve vereni olduğunu iddia etmiştir. Güveninizi O'na koymadıysanız, lütfen koyun ve siz de ebedi yaşamı alınız.

Kaynakça

Muhammad Jarir Tabari, Taberi Tarihi, "*Peygamberler ve Melikler Tarihi*"

Kur'anlar: Nobel Koran, Pickthall, Yusuf Ali and Dr. Mohsin.

Alıntı yapılan ayetler:

King James Versiyonu (KJV). (Telif haksız)

Modern King James Version ®, Copyright © 1962 – 1998. By Jay P. Green, Sr. Telif hakkı sahibinin izniyle kullanılmıştır.

ESV (The Holy Bible, English Standard Version ®), Copyright © 2001 by Crossway, a publishing ministry of Good News Publishers. İzin ile kullanılmıştır. Tüm hakları saklıdır.

The Holy Bible, NEW INTERNATIONAL VERSION ®, Copyright © 1973, 1978, 1984 by International Bible Society of Zondervan Yayın Evi'nin izniyle kullanılmıştır. Tüm hakları saklıdır.

(CEV) Contemporary English Version Yayın hakkı ® 1991, 1992, 1995 by American Bible Society, izni ile kullanılmıştır.

The Mecca Question by Jeremy Smyth, Yayın hakkı © Jeremy Smyth, 2011.

https://en.wikipedia.org/wiki/First_they_came_...

https://en.wikipedia.org/wiki/Giraffe#Neck;

http://www.africam.com/wildlife/giraffe_drinking

http://www.bursakilisesi.com/kutsalkitap/

http://www.kuranayetleri.net/

www.ingramcontent.com/pod-product-compliance
Lightning Source LLC
Chambersburg PA
CBHW050630300426
44112CB00012B/1737